這些文物太有趣

主編｜王露

字畝文化創意有限公司
社長兼總編輯｜馮季眉
責任編輯｜陳心方
編　　輯｜戴鈺娟、李培如
主　　編｜許雅筑
封面設計｜Bianco Tsai
內頁設計｜丸同連合

出版｜字畝文化創意有限公司
發行｜遠足文化事業股份有限公司（讀書共和國出版集團）
地址｜231 新北市新店區民權路 108-2 號 9 樓
電話｜(02)2218-1417
傳真｜(02)8667-1065
電子信箱｜service@bookrep.com.tw
網址｜www.bookrep.com.tw

法律顧問｜華洋法律事務所　蘇文生律師
印　　製｜通南彩色印刷有限公司

2023 年 8 月　初版一刷
定　　價｜350 元
書　　號｜XBER0014
ISBN｜978-626-7200-87-2

國家圖書館出版品預行編目（CIP）資料

這些文物太有趣／王露主編. —初版. —新北市：
字畝文化創意有限公司出版：遠足文化事業股
份有限公司發行，2023.08
69 面；19×23 公分
ISBN 978-626-7200-87-2(精裝)
1.CST：考古遺址　2.CST：文物
3.CST：通俗作品　3.CST：中國
797.8　　　　　　　　　　　112007785

這些文物太有趣

王露——主編

目錄

文明發源地附近的瑰寶

裴李崗文化：紅陶三足鉢

裴李崗文化是分布於黃河中游的新石器時代文化。它是仰韶文化的源頭之一，是中國已知最早期的陶器文化。紅陶三足鉢是用泥質紅陶手工捏製而成，底部有三個錐子形的足。鉢主要用來洗滌或盛放東西。現藏於中國河南省鄭州博物館。

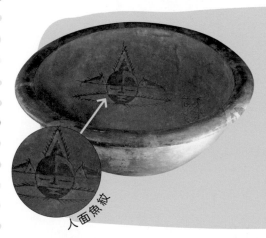

人面魚紋

仰韶文化：半坡遺址人面魚紋彩陶盆

仰韶文化是一種新石器時代彩陶文化，具有地點廣泛、層次眾多、時間跨度大等特色，充分展現遠古人類的生活場景。人面魚紋盆中的人面為圓形，臉上有被塗黑的痕跡，可能與當時的紋面習俗有關。人物眼睛細長，耳朵邊上各有一條小魚，像是小魚在咬著他的耳朵。頭上還有一個像是帽子的三角形裝飾物。這種魚紋裝飾或許是古人漁獵生活的真實寫照。

河姆渡文化：刻畫黑陶豬紋鉢

河姆渡文化的稻作農業較為發達，有成熟的聚落，並開始圈養家畜，證明當時的河姆渡社會已經發展到較為文明的程度。黑陶豬紋鉢上的豬，是目前發現最早的陶瓷裝飾，這隻豬還保留著許多野豬的外型特點，反映古人把野豬馴化為家畜的過程。

大汶口文化：白陶鬹

白陶在黃河下游大汶口文化晚期大量流行。鬹是一種陶質炊具。白陶鬹有三個空心足，繩索狀的手柄，腹部有一圈鋸齒形紋飾，整體像一隻昂首欲飛的鳥。白陶鬹是大汶口文化晚期的典型器物。

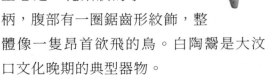

紅山文化：玉臂飾

　　紅山文化的特色是玉器種類繁多，涉及生活的方方面面，裝飾性的玉器製作水準非常高。這件玉臂飾是青綠色的，兩端有兩個小圓孔，可以綁在手臂上。臂飾是古人狩獵時的一種保護性飾物，後來隨著製作工藝的進步，臂飾的造型更加精美，逐漸演變爲首飾。

良渚文化：玉琮

　　玉琮是古代用於祭祀神明的重要禮器，內圓外方，呈柱形，良渚文化的玉琮最爲精美。這件玉琮體形高大，紋飾簡潔，共分爲十節。

馬家窯文化：青銅刀

　　馬家窯文化除了承襲仰韶文化精美的彩陶外，還出現了青銅器。這把青銅刀看起來比較原始簡陋，刀身上鏽跡斑斑，是迄今中國發現最早的青銅器。青銅器的出現，被認爲是人類進入文明時代的標誌。

齊家文化：彩陶幾何紋鼓

　　齊家文化源自馬家窯文化和常山下層文化。彩陶幾何紋鼓整體都有彩繪網格紋，在馬家窯文化半山類型中也曾出現，代表從那時候開始，陶鼓就是古代先民常用的樂器。它在祭祀、慶典時被廣泛使用，雖然造型看起來十分簡陋，卻充分展現古人的聰明才智。看見它，我們彷彿能聽到來自遠古的咚咚鼓聲。

龍山文化：蛋殼黑陶高柄杯

　　龍山文化的製陶工藝已經發展得非常成熟，重要代表作是蛋殼黑陶和白陶，蛋殼黑陶因爲像雞蛋殼一樣薄得名。蛋殼黑陶高柄杯的杯柄部鏤空，杯體細薄均勻，呈現中國新石器時代陶器製作的最高水準。

青銅器裡的巨無霸

青銅鼎是中國商周時期最為重要、最具代表性的禮器，也是權力和地位的象徵。我們現在用「一言九鼎」、「問鼎中原」、「三足鼎立」等成語，都與它有著密切關聯。在眾多青銅重器之中，商代的「後母戊鼎」是目前中國發現體積最大、分量最重的青銅禮器，堪稱青銅器家族中的「巨無霸」。

如何鑄造

要鑄造這麼一件龐然大物，主要分成三個步驟：

1. 準備好足夠的工作人員、寬闊的場地、充足的原料。
2. 陶工為大鼎製作模範，並雕刻好紋飾、銘文。煉工按一定的比例配置銅、鉛等金屬料塊，在窯爐中將其熔化成合金液體，然後注入大鼎的模範內。
3. 澆鑄完成，冷卻定型，除去模範，大鼎就完成了。再由磨工將大鼎打磨光亮。

i 重量832.84公斤
大約是十五個成年人的體重
現藏於中國國家博物館
高133公分，口長112公分

改名風波

這件鼎剛出土時，考古學家根據鼎內的銘文「司母戊」，將它命名為「司母戊鼎」。但在古文字中，「司」與「後」代表同一個字，所以後來經過專家研究考證，認為應該讀為「後母戊鼎」。

失落的「耳朵」

1939年3月，河南安陽武官村村民吳希增等人在農田中挖出「後母戊鼎」。因日偽軍搜尋，村民又將它埋於地下。1946年7月，「後母戊鼎」被陳放在蕭曹廟供社會各界參觀。不過，這次「後母戊鼎」重見天日，只保留了一隻耳，另外一隻耳至今下落不明。後來，專業人員修復「後母戊鼎」時，仿製並裝上它缺失的一耳。

「中國」一詞出現

1963年陝西省寶雞市賈村鎮出土何尊，現藏於寶雞青銅器博物院。專家發現何尊的內底有銘文，除損傷三個字外，現存有銘文十二行，共計一百一十九個字。何尊銘文中的「宅茲中國」，是目前所知最早出現「中國」一詞的考古資料。

「中國」在當時指的是西周的「中心之地」——國都洛邑（今河南洛陽）。

ⓘ 口徑29公分

我的主人是西周的一位貴族，他叫「何」。

ⓘ 高38.5公分

何尊的銘文講了什麼

牧野之戰勝利後，周武王建立周朝，隨後讓兒子周成王在成周（今河南洛陽）營造都城。都城建好後，周成王感念何的先父追隨周文王建功立業，賞賜他貝三十朋（古代用貝殼做貨幣，一串兩個或五個，叫做一朋）。何感到十分榮耀，於是召集工匠製造了這件尊，來紀念這件事。

容量大，真適合裝米。

天啊，救命！我不是垃圾！

好險，差點就當廢鐵賣掉了！

大秦帝國的雄兵

秦始皇憑藉強大的秦國軍隊，統一六國，實現中華民族的大統。那些馳騁疆場的英雄、昂揚矯健的戰馬最後都化為一尊尊雕塑，與戰爭中使用的車乘兵器一起，默默塵封地下兩千多年。

兵馬俑坑是秦始皇陵陪葬坑之一，也是世界上最大的地下軍事博物館。目前已發掘了三個俑坑，其中武士俑約七千件，還有戰車、戰馬和各種兵器。這些兵馬俑都是模擬真人真馬的尺寸製成，兵俑的平均身高約180公分。

> 我大秦威武的軍隊！

彩繪立俑

兵馬俑原本都是五顏六色的，它們的臉部及手腳是粉紅色的，表現出肌肉的色澤和質感；頭髮、鬍鬚等都塗了黑色，鎧甲服飾也塗了不同顏色。可惜的是，這些顏料在出土後被空氣氧化，兵馬俑變成我們現在所見灰頭土臉的樣子。

秦始皇兵馬俑坑中出土的兵俑姿態各異，幾乎無一雷同。不僅裝束、手勢不一樣，就連細微的髮型、表情都各不相同。從他們的裝束、表情和手勢上，就能判斷出年齡、身分、兵種。

我的工作是拉馬車。

秦陵銅車馬

除了兵馬俑坑，秦始皇陵附近還發現了銅車馬陪葬坑。這裡出土兩輛銅車馬，整體採用青銅鑄造，按照真實車馬的二分之一比例縮小製成。

借過，借過！

圓形傘蓋

配有長劍

箭匣

銅車馬一號車
一號車為「立車」。車廂中間豎起一桿圓形傘蓋，馭手站在傘下偏右處。他佩戴長劍，手握馬轡，車上放著兵器。

銅車馬二號車
二號車為「安車」。前車廂面積小，專供馭手乘坐；後車廂的車窗可以開合，不僅便於車廂內的人與馭手交流，還利於通風採光，並能調節溫度。車廂上罩有一個穹頂式的篷蓋，可以遮風擋雨。真是一輛豪車！

文物去哪裡看？
秦始皇帝陵博物院位於陝西省西安市臨潼區，是以秦始皇兵馬俑博物館和秦始皇帝陵驪山園為依託而修建的。兵馬俑、百戲俑、青銅兵器是主要的館藏精品。

葡萄美酒夜光杯

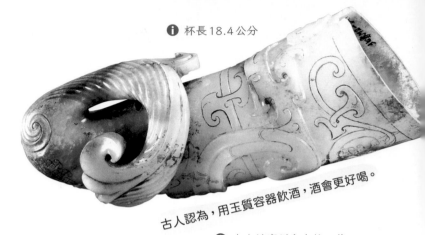

（i） 杯長18.4公分

角形玉杯

　　角形玉杯是由一整塊青玉雕琢而成的，造型像犀牛角。玉杯口呈橢圓形，由杯口至杯尾逐漸收攏，在杯尾處卷成一朵浪花，一隻浮雕夔龍。夔龍身體修長，環繞杯身。這個玉杯無法直立，飲酒時必須拿起玉杯，一飲而盡。

古人認為，用玉質容器飲酒，酒會更好喝。

（i） 出土於廣州市南越王墓
現藏於中國西漢南越王博物館

大耳朵 ·········▶

（i） 出土於
　　湖北江陵鳳凰山
　　現藏於中國荊州博物館

彩繪三魚紋漆耳杯

　　這個杯子有兩隻大大的「耳朵」，所以被稱為耳杯。它的造型精美別致，杯底繪有三條魚，圍著中間的四葉草遊動。耳杯的整體顏色以黑、紅、金為主，即使歷經千年依舊鮮豔奪目。

舞馬銜杯仿皮囊式銀壺

　　每年唐玄宗舉行生日宴會的時候，數百匹受過訓練的舞馬就會跟隨奏樂起舞，表演結束後還會口銜酒杯，為唐玄宗敬酒祝壽。後來「安史之亂」爆發，唐玄宗倉皇出逃，舞馬落入叛將田承嗣手中。他並不知道這是珍貴的舞馬，而是將牠們與軍馬一起飼養。一天，軍中舉行宴會，當軍樂奏響時，舞馬便隨著音樂翩翩起舞，飼馬軍士認為是妖怪作祟，在田承嗣的授意下，將舞馬打死了。這件銀壺上就是銜杯的舞馬。銀壺仿照遊牧民族裝水用的皮囊做成。一條麥穗似的銀鏈聯結著壺蓋和壺柄，防止壺蓋掉落遺失。

銜杯的舞馬

景德鎮窯青白釉刻花卉紋注子

　　古人爲了酒的口感更好，有時會把酒溫熱了再喝，各式各樣的溫酒器就應運而生。這種帶溫碗的注子是燙酒專用，注子也就是酒壺，有壺柄和壺嘴，和溫碗配套使用。

　　這個注子圓肩鼓腹，十分可愛。注子和溫碗上都刻有蓮花瓣，搭配非常和諧。使用時，在溫碗裡倒上熱水，再把盛酒的注子放進去，可以用來熱酒或保溫。

洋彩紅地錦上添花海棠式托盞

　　洋彩是模仿西洋繪畫技法描繪的琺瑯彩瓷，大多製於清朝雍正、乾隆年間。乾隆帝還曾親自指導命名、製作了一批彩瓷。這套托盞的托盤呈海棠花形，盤心凸出海棠形托圈，周凸內凹，剛好可以把酒杯放上去。杯盤內外繪有中式四季山水圖和花草紋飾，搭配西洋圖案的花紋，華麗精巧。

ⓘ 現藏於臺北故宮博物院

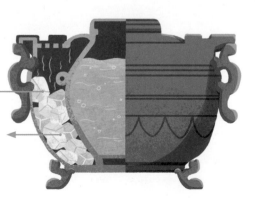

夾層裡夏天放冰塊，冬天放熱水。

古時候，冰塊不易儲藏，只有王公貴族才能享用。

古代的冰箱

炎熱的夏天裡，冰鎮西瓜、冰淇淋是大家的最愛。其實，古人也有冰箱——就是「冰鑑」。冰鑑的兩側有提環，頂上有蓋板，上面還有兩個孔，放在房間可以散發冷氣。把瓜果美酒放在冰上，就能享用冰鎮食物和冷飲。既是「空調」又是「冰箱」，真是一舉兩得。

民以食為天

農業是中國這個古老國度發展的重要基石。「江山社稷」的基礎是土地與糧食，因為「社稷」就是指土神和穀神。

骨耜

耜是古人用來翻地的農具，它既能減輕人們的勞動強度，又能提高生產效率。用骨耜來掘土，比其他石器輕便靈巧，而且骨質表面光滑，不容易沾泥，最適合在水田裡使用。這件骨耜是用動物的肩胛骨製成的。

青釉陶米碓

這件青釉陶米碓是按照真實的米碓縮小製成，是一件墓中的葬具。原本通體的綠釉，因年代久遠有些斑駁。在碓窩的一起一落之間，水稻的殼和米便被輕鬆分離。

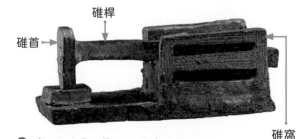

碓桿

碓首

碓窩

ⓘ 高6.9公分，長18.6公分
現藏於美國弗利爾美術館

犁耙陶水田

犁耙陶水田是中國目前發現最早的鋤耙實物模型。長方形的水田，被中間微微隆起的田埂分為兩塊，兩位農夫一人犁田，一人耙田。人與牛的形象古樸粗獷，看似隨意捏成，卻力道十足，比例協調。

犁和耙都是農具，犁用來翻地，耙負責把土弄碎。

「耕田圖」畫像磚

在嘉峪關魏晉墓出土的文物中，兩百多塊描繪農業生產和生活的畫像磚最爲精采，如果把它們組合起來，就是一部記錄千年前西北人民生活的電影。「耕田圖」畫像磚中，農夫一手扶犁，一手揚鞭，耕牛前曲後躬，力量感強烈，生活氣息濃厚。

彩繪勞作泥女俑

這是一組非常寫實的小型彩繪泥俑。四位女僕正在廚房忙碌，有的磨粉，有的做餅。雖然她們體形較小，人物也只是以粗略的輪廓呈現，但她們傳神生動的動作，彷彿正在享受勞動的樂趣。彩繪勞作泥女俑是吐魯番出土的唐代泥俑代表，也是研究古代新疆社會生活和飲食文化的實物資料。

 舂米
 篩糠
 推磨
 擀面

❶ 出土於新疆吐魯番
阿斯塔那第 201 墓
現藏於中國新疆
維吾爾自治區博物館

花樣麵食

這些麵食於新疆維吾爾自治區吐魯番阿斯塔那墓葬群出土。餃子是用小麥做的，形狀像月牙，雖已嚴重鈣化，顏色發黑，但外形相當完整，上面的花邊依舊清晰可見。同時出土的還有形狀像月餅的糕點、餛飩等麵食。

彩繪磚雕推磨

這是一塊宋代墓葬的磚雕。青灰色的磚上，磨坊中有兩位婦人正在用力推石磨，後牆上掛有籮筐、簸箕等物，滿滿的生活氣息撲面而來。

加油！

綺麗多樣的服飾

最古老的靴子：彩陶靴

　　人類從何時開始穿上鞋子呢？這隻三千年前的彩陶靴給了我們答案。彩陶靴是在中國發現最古老、最成熟的靴子造型。它以夾沙紅陶質地製成，有回紋、三角紋等紋飾。有趣的是，這隻靴子不分左右腳。很有可能是因為，當時的遊牧民族喜歡用獸皮做靴子，既能保暖，雙腳也可以交換穿，減少磨損固定部位，延長靴子的使用壽命。

❶ 通高 11.6 公分
　底長 14.6 公分

❶ 出土於青海省樂都柳灣墓地，現藏於中國青海省博物館

劉邦設計的帽子：戴冠木俑

　　這個木俑所戴的冠是長冠，又叫「劉氏冠」。劉邦任職泗水亭長時曾自製一種用竹皮編製的長冠，後來他當上皇帝，規定長冠只能在非常莊重的場合佩戴，而且必須是有一定爵位的人才有佩戴資格。

① 垂髫（3～7歲）
② 總角（8～14歲）
③ 及笄（女孩15歲）
④ 束髮（男孩15歲）
⑤ 弱冠（男孩20歲）

① ② ③ ④ ⑤

五星指金、木、水、火、土五大行星；古代的「中國」主要指中原地區，在當時指的是西漢王朝統治的區域。

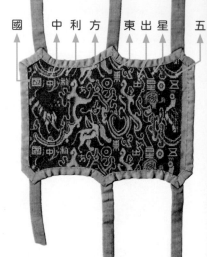

國　中利方　東出星　五

神祕的古代護臂：「五星出東方利中國」錦護臂

　　西漢宣帝時期，羌族叛亂，宣帝派老將趙充國領兵平亂。有一天，觀測星象的官員為宣帝帶來一個消息，宣帝聽後認為到了出兵的時機，便立刻給趙充國寫了一封信，信裡說：「今五星出東方，中國大利，蠻夷大敗。」趙充國看後立刻出兵，果然大獲全勝。後來，這句話被織在蜀錦上，製作成護臂，又輾轉到了精絕國。一位精絕國國王把它視為守護神物，死後還把它帶進墳墓作隨葬品。

風靡貴婦圈的時裝：
褐色羅鑲彩繪花邊廣袖袍

羅袍是古代貴族和上流社會流行的絲
織品，相當於我們現在的高級訂製時裝，
這種大袍通常為貴族婦女在隆重的儀式上
穿著的禮服。這件廣袖袍質地輕薄，寬大的袖口幾乎占了衣長
的一半，走起路來兩袖生風，十分透氣。彩繪花紋的點綴，讓
它即使在地下深埋近千年，依然光彩奪目。

ⓘ 出土於福州北郊浮蒼山黃昇墓
現藏於中國福建省福建博物院

帝王專屬：明黃緞繡五彩十二章龍紋吉服

古人認為龍是皇帝的象徵，民間也把皇帝稱為「真龍天子」，所以皇帝的衣服上通常會
有龍紋。在古裝電視劇中，皇帝一般穿著龍袍，但在清朝，龍袍只是皇帝吉服的款式之一，
大多在年節等喜慶日子穿。唐高祖武德年間，下令臣民不得穿黃色，於是黃色袍服成為皇
室專用服飾，從此歷代沿襲。

五爪金龍是皇帝的象徵。

「海水江崖紋」的寓意為福
山壽海，也帶有一統江山
的含義。

馬蹄袖，形狀像
馬蹄。平時挽起。

十二章紋是古代帝王及
高級官員禮服上所繡的
十二種紋飾，是古代服
飾等級的標誌。

古人的時尚單品

超過一公尺長的項鍊：晉侯夫人玉組佩

組佩又叫雜佩，由兩塊及以上的玉組合而成。西周時期，玉組佩是區分人的身分等級的重要標誌，級別越高的人，玉組佩越長。除了裝飾功能外，玉組佩還能約束貴族自身的行為舉止。只有步伐節奏適中、儀態端莊的人，才能夠使玉佩發出鏗鏘悅耳的聲音。晉侯夫人墓中出土的玉器有四千多件，可見她生前一定是一位身分非常尊貴的女人。

←這件西周晉侯墓出土的玉組佩復原後的長度是158公分。

←由玉璜、玉珩、玉管和瑪瑙管等二百〇四件玉飾組成，是迄今出土最大的一件玉組佩。

玉璜

玉珩

玉蠶　玉雁

ℹ 出土於1993年山西曲沃縣
北趙村晉侯墓地63號墓
現藏於中國山西省山西博物院

雄鷹

狼咬羊
浮雕圖案

我是內蒙古博物院的鎮館之寶哦～

由金鷹形冠飾和←
黃金冠帶組成，
具有明顯的北方
遊牧民族特色。

虎頭

盤角羊　駿馬

草原瑰寶：匈奴王金冠

鷹頂金冠飾是目前中國發現唯一的匈奴貴族金冠飾，被稱為「匈奴王金冠」。匈奴王金冠的出土，為我們揭開了原始胡冠的神祕面紗，使我們看見中原王朝與少數民族政權之間並不只有衝突與對抗，更有文化上的交流和相互影響。

鮮卑貴婦的風采：馬頭鹿角金步搖

步搖是古代婦女用來固定髮髻的裝飾物，多用金玉打造，下面掛有垂珠，因其「步則動搖」，故名步搖。白居易在《長恨歌》中用「雲鬢花顏金步搖」來稱讚楊貴妃的美態。因盡顯女性雍容華貴的動態之美，步搖不僅風靡中原地區，也深受北方遊牧民族喜愛。中原地區的步搖多為鳳鳥、花枝等造型，而南北朝時期，鮮卑族步搖則有獨特的馬、鹿等造型，頗具有遊牧民族特色。

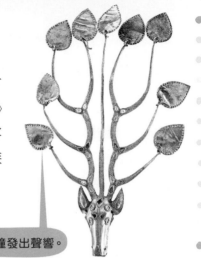

> 桃形葉片會隨著佩戴者的步伐而搖擺，碰撞發出聲響。

三龍

遲來的尊榮：點翠嵌珠石金龍鳳冠

在明代，鳳冠是皇后在祭祀、朝會等場合佩戴的禮帽。鳳冠不僅是皇后的裝飾品，也是身分地位的象徵。但這頂鳳冠的主人孝靖皇后卻未能在生前享受皇后的尊榮。她原本只是宮女，後來偶然生下皇子，卻終身不受皇帝寵愛，淒涼死去。直到孫子當上皇帝，才追封她為皇后，為她重新添置了陪葬品，其中就有這頂點翠嵌珠石金龍鳳冠。

翠藍色飛鳳一對

ℹ 現藏於中國北京故宮博物院

清宮「美甲」：鏤空點翠鑲珠冰梅紋指甲套

指甲套又稱「護甲」。明清時期有留指甲的流行，養尊處優的貴族女性特別重視指甲的保護。清代後妃的指甲套，造型繁複，樣式精美，材質有金銀、玳瑁、琺瑯等。佩戴護甲時，最多只戴四指。慈禧太后就酷愛指甲套，堪稱清代的「美甲達人」。

殘忍的華美

點翠工藝是指將翠鳥的藍色羽毛黏貼在金銀基座上，拼貼成不同圖案。為了保持羽毛的光澤度和柔軟度，要在翠鳥活著時剪取牠脖子周圍的羽毛。在取羽的過程中會對翠鳥造成傷害，失去羽毛的翠鳥通常很快就會死去。

馬王堆漢墓裡的稀世珍寶

馬王堆西漢墓是西漢時期長沙國丞相利蒼的家族墓地。墓中隨葬品眾多，除了絲織、漆器、樂器等之外，還有大量的竹木簡牘和帛書帛畫等珍貴文物，為我們研究西漢初期墓葬制度、手工業發展及長沙國的歷史、文化、社會生活提供了重要的資料。2016年，馬王堆漢墓被評為世界十大古墓稀世珍寶之一。

雙層九子漆奩

奩是古代專門放梳妝用具的化妝盒。貴為丞相夫人的辛追，生前應該是用這類化妝盒存放自己的梳妝用具和貼身物品。這件化妝盒不僅造型精美，還有強大的收納功能──它有雙層，第一層放手套、絲巾等；第二層有九個凹槽，槽內有九個精緻的小奩，分別放了化妝品、梳子、針衣、絲綿粉撲和胭脂等。

不同物品分類擺放，方便拿取。

這件絳紫絹襪，底長23公分，可以證明漢代的女性不纏足。

絳紫絹襪

漢朝時的襪子叫「足衣」，就是給腳穿的衣服。因為襪筒很寬鬆，所以襪子上有條像鞋帶一樣的綁帶，用綁帶把襪子繫在腳腕上，能夠防止襪子滑落。這件絳紫絹襪有兩層，應該是冬天穿的冬襪，穿起來既保暖又舒服、耐磨。

假髮

濃密的頭髮自古以來都受到人們的喜愛，但並不是每個人都能有這麼好的頭髮，所以漢代女子在梳頭髮的時候，便會用假髮來修飾髮型。後來，為了滿足愛美人士的各種需求，假髮的樣式也隨著時代的發展而有了不同的變化。

馬王堆一號漢墓T形帛畫

　　這幅帛畫名叫「非衣」，「非」就是「飛」的意思。漢代人認爲，人死後靈魂會離開肉體，所以需要招魂儀式，讓魂魄歸附肉體、死者安息，然後引領魂魄走向天國，就能成仙。這幅帛畫就是葬禮儀式上的招魂幡，傳達墓主人升入天界成仙的願望。

　　帛畫分爲上、中、下三部分，分別表現天界、人間和地府的場景。

辛追夫人

神話傳說中的天國景象。正中人首蛇身的女子是女媧，還有神鳥、扶桑樹、太陽神等形象。

上部

辛追夫人在世的生活寫照。畫中挂著拐杖的老婦人就是辛追夫人。

中部

巨人手托大地，腳踏雙魚，還有龍、龜等。

下部

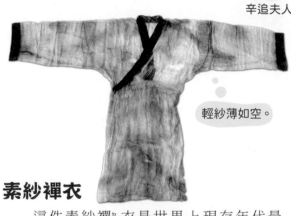

輕紗薄如空。

素紗襌衣

　　這件素紗襌衣是世界上現存年代最早、製作最精良也最輕薄的衣服，只有49克重，把它折疊起來，甚至能放入火柴盒。

蠶寶寶也要減肥

　　湖南省博物館曾委託一家研究所複製素紗襌衣，但是成品都超過80克。專家發現，因爲現代的蠶要比古代的肥大許多，吐出來的絲也更重，所以衣服的重量增加了。後來，專家控制了蠶的體重，再用減肥後蠶的蠶絲進行複製。歷經十三年不懈的努力，終於複製出一件49.5克的素紗襌衣。

中山國國王的精緻生活

1968年5月23日，解放軍某部的工程兵在河北省滿城陵山施工。隨著一聲巨響，沉睡了兩千多年的古墓出現在人們面前。後來經過考證得知，這個古墓的主人是西漢中山國第一代王——中山靖王劉勝和他的妻子竇綰ㄨㄢˇ。同時被發現的，還有陪伴在劉勝夫婦身邊兩千多年的國寶級文物，透過這些寶物，我們可以看見劉勝夫婦當時的生活。

「竇君須」銅印

王后的化妝盒：朱雀銜銅杯

此杯的造型十分奇特，中間的朱雀銜著一枚可以轉動的白玉環，站在一隻小獸的背上，小獸的四足踩在兩側高足杯的底座上，高足杯的杯口又與朱雀腹部兩側相連。朱雀銜銅杯出土時，杯內還留存朱紅色的痕跡，因此考古學家推測，這個杯子是用來盛放化妝品的奩具。

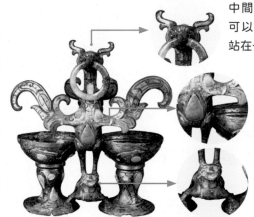

中間的朱雀銜著一枚可以轉動的白玉環，站在一隻小獸的背上。

高足杯的杯口又與朱雀腹部兩側相連。

小獸的四足踏在兩側高足杯的底座上。

千絲萬縷：金縷玉衣

玉衣是漢代皇帝和高級貴族死後所穿的衣服。但玉衣究竟是什麼樣子，之前一直無人知曉。後來，滿城漢墓爲我們解開了這個謎團。劉勝墓中出土的金縷玉衣全長188公分，共用玉片二千四百九十八片，金絲重約1100克。玉衣的外觀和男子體形一樣，寬肩闊胸，腹部突鼓，四肢粗壯。這是迄今爲止發現保存最完整的金縷玉衣。

玉衣分為頭部、上衣、袖筒、褲筒、手套和鞋六個部分，每個部分都可以彼此分離，猶如一件製衣工人裁剪縫製的衣服。

來自漢代的光：長信宮燈

長信宮燈的宮女身體中空，右手被製作成一個排煙管道。她左手握著燈座，托起燈盤，右手提著燈罩，燈焰在圓形燈盤裡燃燒，排出的煙透過右手排進宮女的體內，避免污染室內環境。燈盤還能旋轉自如，兩塊擋光的瓦形罩板也能隨意開合，可任意調整燈光的照射角度和亮度。

銅羊尊燈　西漢

帶罩銅燈　西漢

當戶銅燈　西漢

全燈分為頭、身、右臂、燈座、燈盤，可以任意拆卸。

大門上的藝術：西漢鑲黃玉鎏金銅鋪首

鋪首是含有驅邪意義的傳統建築門飾，獸首銜環是最常見的樣式。一般由鋪首和門環兩部分組成，距今已有兩千多年的歷史。漢代的陶器和青銅器以及畫像石、墓門、棺槨上均有出現。

黃玉，浮雕對稱卷雲紋

鎏金銅環

通長12.4公分
環外徑6.8公分

「酒來」：西漢錯金銀鑲嵌銅骰子

中山靖王夫婦非常喜歡喝酒，滿城漢墓共出土三十三件陶酒缸。喝酒的時候還要玩遊戲助興，這件銅骰子，便是夫婦倆人宴請賓客時行酒令使用。

這枚銅骰子有十八面，其中十六面寫了「一」至「十六」，剩下二面則是「酒來」、「驕」。

文物去哪裡看？

河北博物院位於中國河北省石家莊市，以滿城漢墓出土文物、河北古代四大名窯瓷器、元青花、石刻佛教造像、明清地方名人字畫以及抗日戰爭時期的文物為特色。鎮館之寶有長信宮燈、金縷玉衣等。

小房子有大講究

從陝西西安半坡遺址發現的房屋來看，中國人蓋房子的歷史已有六、七千年。無論是古典園林，還是世界上現存建築規模最大的木質建築群 —— 北京故宮，都是中國建築遺產中耀眼的明珠。中國建築多以木質為主，是世界上獨具特色的建築體系。

與地面隔離，可以有效防潮。

宅院畫像磚

這塊畫像磚刻畫出墓主人生前所居住的住宅，是東漢時期名門望族宅院的標準規格。

陶房屋

這件陶房屋是東漢時期南方百越部落干欄式建築的真實寫照。古時的百越之地潮濕多雨，傾斜的屋頂和高出地面的底架，都是為了適應當地的氣候環境。

漢代大戶人家有養鶴的習俗，院子裡仙鶴在跳舞。

屋裡有兩個人對坐飲茶，其中體型較大的是主人。

長廊把院子分隔開。

「望樓」：用來儲存、瞭望，樓下還有一隻看家的狗。

僕人在灑掃工作。

ℹ 現藏於中國國家博物館

前院兩隻雞在打架。

水井：可以從中接水，用來洗衣、煮飯。

青瓷豬圈

豬總給人好吃懶做的印象，但在中國古代，豬
卻是財富的象徵。漢代之前，只有大戶人家才吃得
起豬肉。「家」字就是由象徵房子的寶蓋頭和「豕」
組成，豕就是豬，古代有「無豕不成家」的說法。所以，人們
燒製青瓷豬圈作為陪葬品，也寓意著在另一個世界能繼續享受
榮華富貴。

古代城門左右對稱

懿德太子墓《闕樓圖》

闕是古代城門、宮殿前的一種標誌性
建築，通常左右對稱，最高等級的三出闕
是帝王專用。懿德太子是武則天的孫子，
因捲入宮廷鬥爭，十九歲就被武則天杖殺。
他的父親唐中宗即位後追封他為懿德太子，
依照帝王制度為他重修陵墓。《闕樓圖》是
懿德太子墓壁畫的一部分，
圖中的三出闕，體現了父
親對兒子早逝的悲痛和盡
力補償。

我叫李重潤，是
一個倒楣的太子。

木雕大力士像建築構件

這個胖呼呼的大力士其實是建築構
件，以一整塊金絲楠木雕刻而成。大力士
面貌憨態可掬，身材矮胖，雙手抓握在大
腿上，雙目凝視前方，像是做好了角鬥準
備。另外，它的頭頂部有凹槽，後肩上方
是斜面，表示這件建築構件可能是元代城
樓上的遺物。

金絲楠木經久耐用，
是皇家建築中最常使
用的木材。

ⓘ 高26公分，寬18.5公分
厚9.1公分，重825克
現藏於中國山東省濟南市
博物館

房子裡面有什麼

早期中式沙發：三彩榻

　　在椅子出現之前，人們席地而坐——在地上鋪張席子，人們坐在席子上。古代貴族爲了突顯自己的特殊地位，對席子精心加工，於是榻就出現了。早期的榻比較小，只能容納一個人坐，後來人們覺得坐著哪有躺著舒服，就把榻加長，榻變成了既可以坐、也可以躺的家具。

榻是最早
出現的傢俱之一

ⓘ 出土於陝西省富平縣李鳳墓
　　現藏於中國陝西省陝西歷史博物館

多功能梳妝盒：黃花梨折疊式鏡臺

　　女孩子化妝，鏡子必不可少。這個鏡臺是折疊式，鏡架能支起60度，把鏡子放在上面，不僅方便使用，收納起來也節省空間。鏡架分爲八格，最下面一格有荷葉形托子，可以上下移動，以便調整銅鏡的位置。下部兩開門，內有三個抽屜，可以收納梳妝用具和首飾。

ⓘ 現藏於中國上海博物館

魔鏡，我是最美的人嗎？

明代懶人桌：黃花梨木束腰齊牙條炕桌

　　炕桌是一種放在炕上或床上使用的矮桌子，主要流行於中國北方地區。北方地區一般都有大炕，人們也喜歡在炕上活動，如吃飯、看書、寫字等，因此炕桌非常實用。

牙條上有雙螭對峙的造型。

ℹ️ 長108公分，寬69公分，高29.5公分
現藏於中國上海博物館

ℹ️ 高24.5公分
直徑18.5公分
現藏於
臺北故宮博物院

乾隆皇帝的玩具箱：竹絲纏枝花卉紋多寶格圓盒

　　我們的玩具箱放的大多是自己喜歡的玩具，古代的皇帝也有自己的「玩具箱」——多寶格圓盒。圓盒看起來不大，內部卻暗藏玄機，透過各種機關巧妙的將許多寶貝收藏在裡面。這件乾隆皇帝的圓盒，雖然看起來只有普通水桶那麼大，裡面卻放了二十七件小文玩。

　　最下層的三角形抽屜裡放的是袖珍的畫卷、冊頁。畫卷展開只有7公分左右，冊頁的長與寬都只有3公分。

像小房子的床：黃花梨六柱式架子床

　　床是日常生活中最常接觸的家具，大多數人每天都要在床上度過大約三分之一的時間。六柱式架子床因支撐床的六根柱子而得名，最早出現在南北朝。架子床跟我們現在的床不同，床上有柱子和頂組成的架子，拉上床簾，床就像一個小房間，既保有隱私，又有安全感。

ℹ️ 長226公分，寬162公分，高234公分
現藏於中國上海博物館

從家變成了國家

　　傳說禹建立了中國歷史上最早的王朝——夏，他的兒子啟開創了父死子繼的世襲制王朝，於是天下就變成君主一家人的了，這就是「家天下」。

　　歷史學家依據文獻資料，將以偃師二里頭遺址命名的「二里頭文化」（包括二里頭類型和東下馮類型）和豫西地區的「龍山文化」確定為研究夏文化的主要對象。

　　透過對二里頭遺址的探索，夏王朝的神祕面紗被揭開：國家和城市的興起、王都的建設、各項規章的制定……在一層層夯土下，埋藏著一件件質樸卻又不失華美的器物，華夏文明的起源與演變因此逐漸清晰。

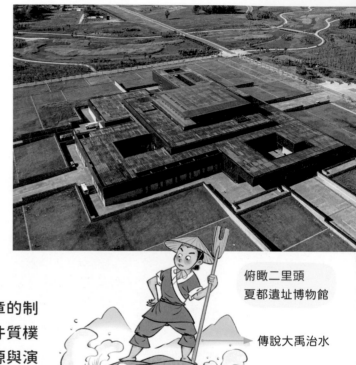

俯瞰二里頭
夏都遺址博物館

傳說大禹治水

玉戈

　　我們常用「大動干戈」這個成語表示發動戰爭，其中「干戈」指的就是古代常用的兩種兵器。這件玉戈，輪廓規整，邊棱整齊，刃口鋒利，磨製精細，是二里頭遺址中出土玉器的傑作。

玉戈是一件禮器

✏️ **文物去哪裡看？**

二里頭夏都遺址博物館位於中國河南省偃師，以二里頭遺址出土文物、夏商青銅器、玉器等為展覽特色。博物館內共有館藏文物兩千多件，鎮館之寶有方格紋銅鼎、七孔玉刀、骨猴等。

嵌綠松石獸面紋銅牌飾

　　嵌綠松石獸面紋銅牌飾長14.2公分，寬9.8公分。在這樣一塊文具盒大小的銅牌上，二百多塊綠松石鋪嵌出一隻神獸饕餮（ㄊㄠ ㄊㄧㄝˋ）的圖案。它的造型精美，工藝複雜，表示當時的工匠不僅著重物品的實用價值，還注重美學價值，夏朝已跨入文明社會。

穿紐，可以固定在織物上。

ℹ 現藏於中國社會科學院考古研究所

嵌綠松石獸面紋牌

　　嵌綠松石獸面紋牌出土時位於墓主人的胸部，大概是他佩戴在身上的一件佩飾。從它複雜的工藝和紋飾來看，墓主人的身分十分尊貴。這塊獸面紋牌，上寬下窄，圓角束腰，呈盾牌的形狀。兩側各有兩個圓鼻子，表面用綠松石鑲嵌而成，紋飾就像猛獸的面龐（專家稱它為「獸面紋」）。

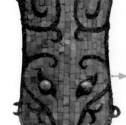

目前發現最早、最精美的鑲嵌銅器。

玉鉞

　　鉞（ㄩㄝˋ）的外表像斧頭一樣，是商周時期常見的兵器。二里頭遺址出土的玉鉞，主要用途是祭祀的禮器，同時也是墓主人身分等級和社會地位的象徵。

ℹ 玉鉞高9.1公分，寬9.3公分，厚0.3公分

圓形穿孔

扉牙 ←

弧刃 ←

鉞是一種禮器，象徵軍事統帥的權力

乳釘紋青銅爵

　　爵是一種飲酒器，常見於商代和西周的考古發現。這件乳釘紋青銅爵的腹部中間有五個較大的乳丁紋，相較於同時期紋飾複雜的青銅器，它有一種樸素之美，是中國發現最早的酒器。

中國青銅器早期發展史的重要實物資料

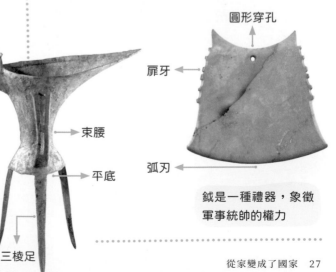

尖尾

束腰

平底

三棱足

我們如何走遍世界

> 既是皇宮中的觀賞品，也是國際交流贈送的禮物。

汗血寶馬：鎏金銅馬

鎏金銅馬高62公分，長76公分，深埋地下兩千年後仍然散發著金燦燦的光澤。這件銅馬呈站立姿態，輪廓舒展，線條流暢，是以西漢時期大宛[ㄩㄢ]產的汗血寶馬為模特兒製作而成。

大漢騎兵雄風：彩繪陶騎馬俑

手裡的韁繩和兵器已經不存在了。

西漢王朝的軍事力量十分強大，這件彩繪陶騎馬俑可視為當時西漢士兵的寫照。陶馬全身紅彩，昂首眺望遠方，張口嘶鳴，身形矯健。馬背上的武士，一手持韁，一手持兵器，好一位威武雄健的猛將！

ℹ 現藏於美國耶魯大學美術館

戰馬的裝飾：錯金青銅當盧

當盧是繫在馬頭部的配飾，一般繫在馬額頭中央偏上。海昏侯墓出土的錯金青銅當盧，正面描繪了龍、虎、雀、魚四神。

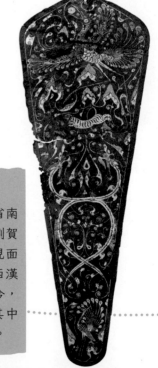

東漢的船模：附鼓俑紅陶船

附鼓俑紅陶船是目前廣西出土最大的陶船，它是一艘在江河行駛的大型內河船。船身分前、中、後三個艙。船上立有大大小小十五個人俑，各自在崗位上忙碌著。

✏ 文物去哪裡看？

海昏侯墓（位於中國江西省南昌市）是西漢時期海昏侯劉賀的墓葬，是中國迄今發現面積最大、保存最完好的西漢列侯墓葬。從2011年至今，共出土一萬多件文物，其中包含大量的金器、竹簡等。

時尚女性的專車：陶牛車

東漢至南北朝時期，隨葬品中既有馬車也有牛車，其中馬車多為男性使用，而牛車行駛穩健，更適合女性乘坐。魏晉時期，女性乘坐牛車出行很時尚。

今天去哪裡玩呢？

哞～哞～

貴婦出行：彩繪騎馬女俑

中唐之後，女性出門不再選擇乘坐馬車、轎子等，而是騎在馬上策馬揚鞭，在街上穿行。彩繪騎馬女俑表現的就是當時唐代貴婦出行時的裝束。她身穿粉色花裙，外繫湖綠色繡花襦裙，足蹬黑色小靴。神情嫻雅端莊，握韁前行，看起來十分自由快樂。

世界飛天第一人：萬戶

早在六百多年前，明朝時期的士大夫萬戶就有了用火箭把人送上天的想法。萬戶把自己綁在椅子上，椅子上再綁上火箭，雙手牽著風箏線。他想利用火箭的動力飛上天空，再利用風箏平穩的降落。但是飛天的過程中，火箭爆炸，萬戶也獻出了自己的生命。

騎手的腳踏板

快走踏清秋：鎏金銀鐵馬鐙

馬鐙ㄉㄥˋ是掛在馬鞍兩邊的腳踏，為了方便騎馬人上馬和騎馬。馬鐙發明之後，騎兵便可以依靠雙腳在馬上保持平衡，解放了騎馬人的雙手，並提升他們在馬上的作戰能力。

ⓘ 現藏於美國紐約大都會藝術博物館

博物館裡的動物園

大家都叫我「中華第一龍」！

鸛魚石斧圖彩繪陶缸　仰韶文化

　　鸛魚石斧圖約佔了整個陶缸表面積的一半。圖中，水鳥昂著頭，身體微微前傾，嘴裡叼著一條大魚，面對豎著的石斧。畫面真實生動，富有意境，是迄今中國發現面積最大、內容最豐富的一幅陶畫。現藏於中國國家博物館。

玉龍　紅山文化

　　龍是中國古代傳說中的動物。這件紅山文化時期的玉龍呈「C」形，吻部前噘，嘴巴緊閉，頸後豎起一道彎勾狀長髻，尾端呈圓尖狀，整體造型十分生動。現藏於中國國家博物館。

「婦好」青銅鴞尊　商

　　鴞就是貓頭鷹，在中國長期以來被認為是形貌與聲音都很醜惡的不祥之鳥，但是以鴞為原型的器物在新石器時代到商周時期卻十分常見。專家認為，殷商時期青銅容器上鴞的形象應看作是「勇武的戰神」，被認為有避兵災的功能。1976年殷墟婦好墓共出土兩件鴞尊，現在分別收藏在中國國家博物館和中國河南博物院。

四羊青銅方尊　商

　　四羊青銅方尊的四角分別為一隻高浮雕的羊，羊的雙目凸出，羊角內卷，尊的腹部即為羊的前胸，羊腿浮雕於尊的高圈足上。四個突出的羊頭，使整件器物煥發旺盛的活力。四羊青銅方尊是中國現存最大的商代方尊，現藏於中國國家博物館。

我引領了青銅器動物造型的潮流！

蓮鶴方壺　春秋

　　方壺的雙層鏤雕蓮瓣蓋上立有一隻展翅欲飛的仙鶴，壺體腹部四角各鑄一飛龍，圈足下是兩隻伏虎。蓮鶴方壺既顯示出春秋時代卓絕的青銅鑄造水準，也反映了當時青銅器動物造型肖像化的潮流。現藏於中國北京故宮博物院。

銅鎏金鳳紋當盧 西漢

鳳是傳說中的百鳥之王。這件當盧的正面是一隻展翅疾走的鳳鳥，鳳鳥的形象體現了當盧的擁有者祈求升天求仙、長生不老的願望。既有實用性，也有裝飾性。出土於江西南昌海昏侯墓。

五牛圖（局部） 唐·韓滉

牛是古代耕作的重要畜力，活躍於鄉間的田壟地頭。農民通常也將耕牛視作重要財產和農忙時節的重要搭檔。《五牛圖》是中國現存最古老的紙本畫，現藏於中國北京故宮博物院。

鬥彩雞缸杯 明

成化鬥彩雞缸杯的外壁以牡丹湖石和蘭草湖石將畫面分成兩組：一組繪雄雞昂首傲視，一雌雞與一小雞在啄食一蜈蚣，另有兩隻小雞玩逐；另一組繪一雄雞引頸啼鳴，一雌雞與三小雞啄食一蜈蚣。畫面形象生動，情趣盎然，一派初春景象。現藏於中國北京故宮博物院。

銅奔馬 東漢

我原來叫「馬踏飛燕」。

銅奔馬的形象是一匹正在奔馳的駿馬。駿馬四蹄離地，只有右後蹄踏在一隻正在飛行的鳥背上，飛鳥十分震驚的扭頭。一個不可思議又夢幻無比的瞬間就此定格。現藏於中國甘肅省博物館，是該館的「鎮館之寶」。

像生瓷海螺 清

像生瓷是景德鎮御器廠的工匠仿動、植物形象燒製的瓷器，釉色和造型都非常逼真。這件像生瓷海螺外壁粉彩，螺紋刻意模仿天然海螺的質感，甚至可以以假亂真。現藏於中國北京故宮博物院。

聽，是大海的聲音！

錢到哪裡都是寶

貝殼是最原始的貨幣。大家可以觀察一下，在漢字中，和價值有關的字大多都含有一個「貝」。

「齊法化」刀幣·戰國
「齊法化」三字刀幣是戰國時期齊國鑄造的刀幣之一，流通於齊國境內。

「平陽」方足平首布·戰國
方足平首布是戰國中晚期廣泛流通於三晉地區趙、魏、韓等國的鑄幣，北方的燕國後期亦鑄窄小方足布幣。

郢爰·戰國
郢爰是戰國時期楚國的一種稱量貨幣，也是中國最早的原始黃金鑄幣。「郢」為楚都城名，「爰」為貨幣重量單位。

天然貨幣：貝幣

形狀各異的貨幣

到了商代晚期，商業活動越來越頻繁，只靠貝幣已經不足以滿足當時人們的需求。於是，人們便開始使用金屬錢幣。在戰國時期，不同的國家各有自己的貨幣，不利於彼此交換商品。

四牛鎏金騎士銅貯貝器·西漢
高 50 公分，蓋徑 25.3 公分。我們會把錢放在存錢罐，而古代人把錢放在貯貝器裡。現藏於中國雲南省博物館。

遠古人的以物易物
遠古時期，人們會透過交換物品，來獲得自己需要的東西。

我能用我的羊換你的雞嗎？

我的雞值一個貝幣，但你的羊值五個貝幣。

那你再給我兩隻鴨吧。

成交！

秦統一六國後，以外圓內方的「半兩」錢作為全國統一貨幣。除了西漢王莽改制時一度使用刀幣外，秦朝之後的兩千多年間，都使用這種外圓內方的錢幣。

三彩錢櫃・唐
櫃身為扁長方形，頂面兩端有脊棱，下為折角形四足，頂面有一小蓋，蓋邊開了一個投錢小縫。櫃子前壁兩獸面之間有環鈕，與蓋上環鈕相對，可以穿鎖。

交子・北宋
世界上最早出現的紙幣，是中國北宋時期四川成都的「交子」。

半兩・秦
「半兩錢」大多鑄於秦始皇時代，重8克，鑄造精良，幣面「半兩」書體採用小篆文，直到西漢初期仍使用。

紙幣出現啦

圓形方孔錢

紙幣的製作成本低，更易於保管、攜帶和運輸，還可以避免鑄幣在流通中的磨損。紙幣是當今世界各國普遍使用的貨幣形式。

金五銖・西漢金幣
直徑26公釐，重9克。金五銖極有可能是王室貴族間用來賞賜、饋贈之物，極為少見，十分珍貴。

開元通寶・唐
唐武德四年（621），唐高祖下令鑄造新錢幣，以取代市面上的五銖錢，並將新的錢幣取名為「開元通寶」。

中統元寶交鈔・元
中統元寶交鈔是中國現存最早由官方正式印刷發行的紙幣實物。

大清寶鈔百千文・清
由於清末圍剿太平軍和黃河連年決堤，造成國家財政窘迫，清政府無奈在咸豐三年（1853）正式發行「戶部官票」和「大清寶鈔」。

富貴繁華的開封城

宋朝打破了城市中商業區和住宅區的界限，商販甚至可以通宵做生意。北宋畫家張擇端，用一幅《清明上河圖》長卷，描

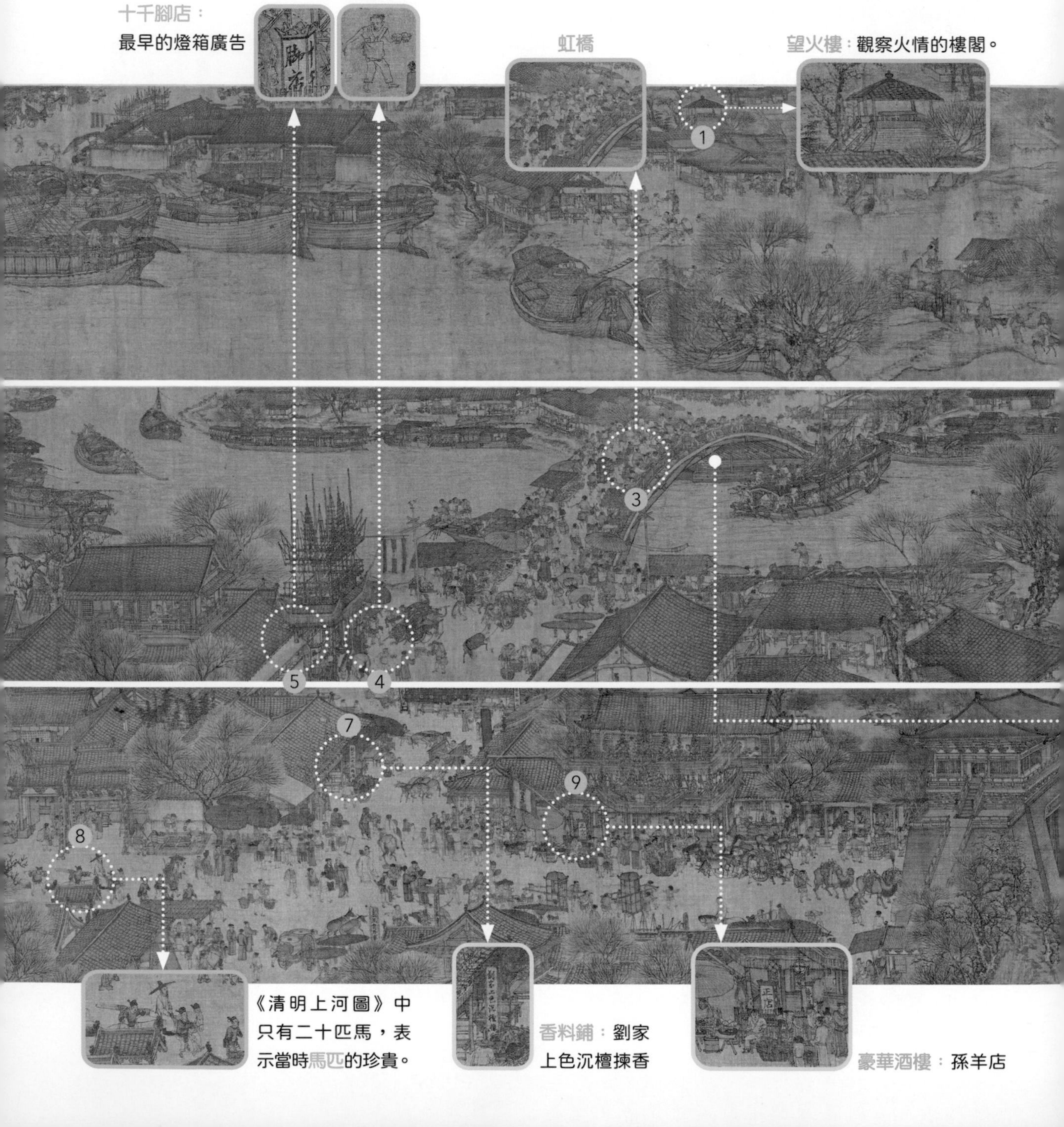

十千腳店：
最早的燈箱廣告

外送員

虹橋

望火樓：觀察火情的樓閣。

《清明上河圖》中只有二十匹馬，表示當時馬匹的珍貴。

香料鋪：劉家
上色沉檀揀香

豪華酒樓：孫羊店

繪了當時北宋首都汴京（今河南開封）的繁華景象。

　　畫中各行各業的人物形象鮮活生動，神態栩栩如生，各式商店應有盡有。這些寫實的創作，使《清明上河圖》如同一本內容豐富的百科全書。全圖長24.8公分，寬528公分，現藏於中國北京故宮博物院。

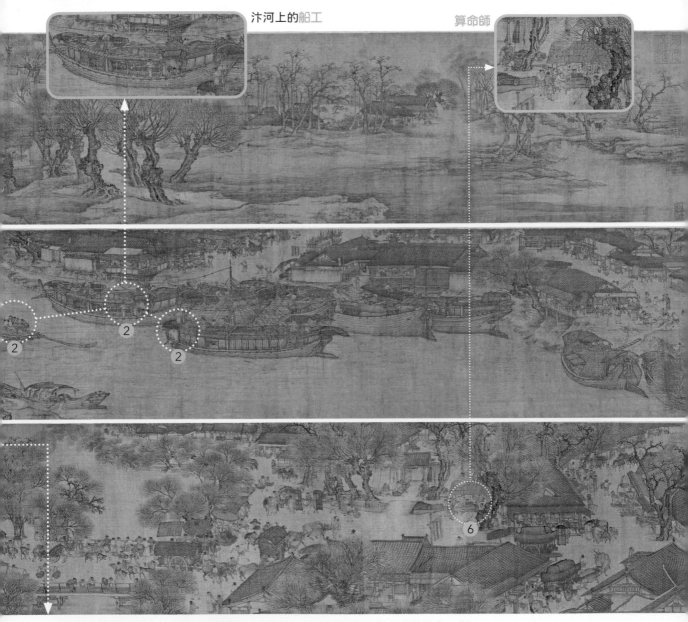

汴河上的船工　　　　　　　　　　　　　　　　算命師

虹橋沒有橋墩和橋柱，全靠木架之間相互搭接，並用繩索捆紮的方式固定在一起。
這種橋甚至不用一根釘子，也能形成堅固、穩定的結構。

有趣、會玩才可愛

會玩的人生才不會單調乏味。看看這一組俑，或木或陶，有唱有跳。有早已失傳的遊戲，也有至今還在使用和演奏的樂器，它們共同構成了古代人民的世俗生活。

奏樂俑

這組奏樂俑共有五個，其中兩個吹竽，三個鼓瑟。竽常與瑟等一起演奏，深受當時人們的喜愛。這些樂手屈膝跪坐，頭上插有竹簽，身穿交領右衽長袍，形象生動。木俑採用浮雕的手法，還繪有表現色彩豔麗的服飾。

ℹ️ 1974年出土於
長沙馬王堆1號墓
現藏於中國湖南省博物館

我笑起來真好看！

古代表演滑稽戲的藝人也被稱為俳優。

ℹ️ 現藏於中國
國家博物館

擊鼓說唱陶俑

擊鼓說唱陶俑又稱「灰陶說唱俑」，由泥質灰陶製成。他頭上戴著頭巾，兩肩高聳，光著腳丫子，手臂環抱一隻扁鼓，右手舉槌馬上就要落下。說唱是中國古老曲藝藝術，這位表演者神態詼諧，動作誇張，一瞬間把我們帶回兩千多年前的東漢時期。

舞蹈陶俑

這位舞者梳著高高的髮髻，身穿交領長衣，右手叉腰，左手高揚。雖然歲月使其面容斑駁，但她邁開右足起舞的生動造型，使美妙的舞蹈永遠定格在這一刻。

跟我一起跳！

ℹ️ 出土於四川遂寧崖墓
現藏於中國四川博物院

六博木俑

　　兩位老人席地而坐，中間放著一張棋盤，一場驚心動魄的博弈即將開始——一位老人左手前伸，右手撫膝，另一位老人左手下垂，右手伸出指向棋盤。看樣子，這二人似乎正在爭論棋局的輸贏。這件姿態生動的人物木俑，是東漢木雕中極富生活趣味的佳作。

六博，是古代的棋類遊戲。漢代後衰落，晉以後失傳。

三彩駱駝載樂俑

　　駱駝站在長方形底座上，引頸長嘶鳴。在它的駝背上，鋪著色彩斑斕的毛毯，毛毯上共有八人。其中七名男樂手身著漢服，手持簫、笛、箜篌、琵琶、拍板、排簫、笙等樂器，面朝外盤腿坐著演奏。中間站立的女舞俑正在和著節拍歌唱，歌聲清麗婉轉。樂俑們全神貫注，彷彿沉浸在美妙的音樂中。

彩繪陶樂舞雜技俑

　　在一個長方形的灰陶盤上，有樂舞雜技和觀賞俑總共二十一個（原應有二十二個，但有一個奏樂俑已缺失）。他們的造型看似笨拙稚嫩，但勝在姿態生動活潑，色彩鮮豔濃烈。這組雜技俑還原了當時歌舞歡愉的場景，也為我們了解西漢雜技舞樂提供實物資料。

街頭演奏會集合！

排簫

簫

笙

笛

拍板

ⓘ 現藏於
中國陝西省
陝西歷史博物館

繁榮的絲路貿易

西元前139年，漢武帝派張騫出使西域，開通了長安（今陝西西安）經河西走廊、塔克拉瑪干沙漠至中亞、西亞的商道，即舉世聞名的絲綢之路。

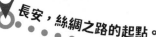

長安，絲綢之路的起點。

玉門關

鴨形玻璃注

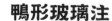

十六國時期戰亂頻發，北方遊牧民族的商人開闢出一條「草原絲綢之路」。鴨形玻璃注就是透過這條道路，從遙遠的羅馬來到了北燕。它的口部像張開的鴨嘴，還有一條長尾巴。在空置狀態下，鴨子的尾巴翹起，當注水超過一半時，鴨子就會穩穩的站起來。

鎏金銀壺

鎏金銀壺是絲路貿易繁榮的縮影——它是來自波斯薩珊王朝的器物。壺嘴是鴨嘴形狀，上腹細長，下腹鼓起；壺身上有凸起的三組六人男女圖像；壺柄兩端是羊頭，頂端鑄一個戴圓帽的人頭。

壺上的三組圖像描繪的故事是古希臘著名的「帕里斯裁判」和「特洛伊戰爭」：
1. 帕里斯劫持海倫上船。
2. 「帕里斯裁判」，手中拿著金蘋果的男子為帕里斯，女子為阿芙蘿黛蒂。
3. 海倫被丈夫奪回。

騎駝樂舞三彩俑

盛唐時期，很多中亞的樂師、舞者來到長安定居，帶來西域的音樂和舞蹈。騎駝樂舞三彩俑是一支雜技樂隊的形象：一隻昂首挺胸的大駱駝上，中間的胡人正在跳舞，周圍有四個人奏樂，其中一位抱著琵琶，其他人的樂器則不見了。這種五人在駱駝背上載歌載舞的雜技節目，在當時的長安街頭非常受歡迎。

鎏金銀腰鏈

宋代北方有強敵威脅，因此商人選擇海上絲綢之路進行對外貿易。但是有的商船不幸沉沒海裡。這艘被考古學家命名爲「南海Ⅰ號」的商船，在海中沉睡了八百多年，才被打撈出來。船上有一條金光閃閃的波斯風格腰帶，它被編成麻花狀，一端有五個圓環，可用來調節腰帶鬆緊。

絲綢之路

絲綢之路是古代中國連接亞洲、歐洲和非洲的商貿路線。除了古老的陸上絲綢之路，還有海上絲綢之路，以及商人開闢出的草原絲綢之路。

無數鈴聲遙過磧，應馱白練到安西。

大秦

大秦是中國古代對羅馬的稱呼，羅馬是當時絲綢之路的終點。

青花海水紋香爐

明朝永樂年間，鄭和率領船隊七下西洋，拓展了海上絲綢之路。船隊對沿途國家進行友好的訪問，還帶回許多外國的「特產」，其中有一種顏料叫「蘇麻離青」。用「蘇麻離青」燒製出的青花顏色青翠濃重，呈現出寶石藍般的鮮豔色澤。青花海水紋香爐體型碩大，花色濃豔，通體起伏相疊的波浪紋，寓意著大明的江山永固。

海水江崖紋

駱駝是絲綢之路重要的交通工具。

絲綢之路上的明珠

「敦者，大也；煌者，盛也。」用盛大輝煌來形容敦煌，可以說名副其實。敦煌不僅歷史悠久，文脈綿長，更是古代絲綢之路的璀璨明珠。玉門關、鳴沙山、月牙泉、莫高窟經卷、壁畫、佛教造像……都向我們訴說著這顆絲路明珠曾經的燦爛與耀眼光芒。

胡旋樂舞全圖

沿著絲綢之路，一路歌舞不斷。在盛唐時期，有一種透過絲綢之路傳來的西域舞種——胡旋舞。胡旋舞以轉圈多而令人驚歎，轉起來簡直難分面和背，甚至引領了一股時代潮流，如果你到盛唐的長安去看看，可以說是人人學旋轉。宮中的楊貴妃、鎮守邊關的重臣安祿山，都是跳胡旋舞的高手！

敦煌壁畫樂舞圖（臨摹）

❶ 現藏於中國甘肅省簡牘博物館

漢代蹴鞠

蹴鞠類似於現在的足球，是一種對抗性運動。在古代，蹴鞠最開始是一項軍事訓練活動，用來訓練士兵的身體素質和作戰能力。後來，蹴鞠逐漸從訓練變成了一項娛樂活動。這件小朋友手掌大小的鞠，內填絲棉，外用麻繩捆紮，很有可能是當時駐紮在敦煌的戰士子女們心愛的玩具。

鄧傳嗣女出家度牒

由官府發給僧尼的合法出家憑證，稱爲「度牒」。這件1100年前的度牒，記錄敦煌當地年僅十一歲的女童鄧自意出家爲尼之事，是關於敦煌女性出家非常珍貴的文獻資料。

敦煌星圖

《敦煌星圖》是世界上現存最古老、星數最多的星圖，共包含了一千三百三十九顆星。圖上的星點用黑色、橙黃色、圓圈等多種方式標示，讓人一目了然。

雕版《金剛經》

印刷術是中國古代四大發明之一，包括雕版印刷和活字印刷。印刷術為文字的保存和傳播，立下了汗馬功勞。敦煌《金剛經》是目前發現最早的雕版印刷品。這部經書印刷於868年，文字保存完整，不僅印刷精美，工匠的刻版技術也頗為高超。

唐代敦煌放妻書

放妻書是古代的離婚文書。敦煌莫高窟出土的十二件放妻書中，多數為唐代。但內容多有不同：有的談及舊時美滿幸福的生活；有的則詳細描述因生活瑣事，家庭感情破裂；還有的是對於彼此未來生活的美好祝福。左圖這份放妻書，實際上是丈夫（富盈）被妻子（阿孟）「放」——富盈離婚後要離開阿孟家，可見當時的夫妻地位平等。

友誼第一，比賽第二

馬球

　　馬球就是人騎在馬上，揮杖擊球，是唐代最具代表性也最為盛行的體育運動。打馬球對騎手的騎術要求很高，搶球、擊球要快、准、狠，非常考驗騎手的騎術、反應能力和膽量。同時它還需要參賽隊員之間相互配合，十分考驗參與者的智謀，因此馬球運動還帶有一定的軍事色彩。

彩繪陶
打馬球仕女俑

打馬球俑

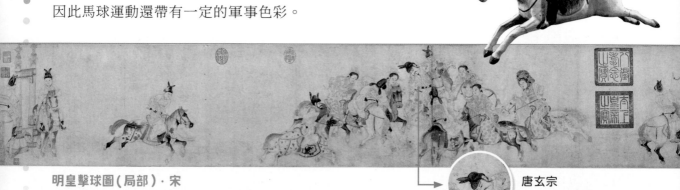

唐玄宗

明皇擊球圖（局部）·宋
《明皇擊球圖》描繪了唐玄宗擊球娛樂的場景，畫面中共有十六個人物，中間有十個人聚攏在一起，爭搶一個小球。

圍棋

　　圍棋是一種策略性的雙人遊戲，雙方在棋盤網格的交叉點上交替放置黑子和白子，圍地吃子，以所圍「地」的大小決定勝負，有「弈」、「手談」多種名稱。圍棋屬於琴棋書畫「四藝」之一，被認為是世界上最複雜的棋盤遊戲。

官造紫檀嵌
百寶瑪瑙髓圍棋·
清

專心對弈的兩人

松窗對弈圖·明·周臣
「結廬在人境，而無車馬喧。」這樣閒適安逸的環境，令人傾心嚮往。明代畫家周臣描繪了一座草廬：草廬臨河，專心對弈的兩人自得其樂。這間小小的草廬若隱若現，全因斜坡的幾棵松樹。下棋人的老友也騎著驢趕來，同行的童僕背著瑤琴慢慢跟隨。

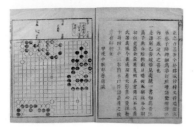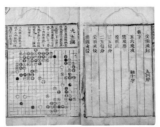

范西屏所著《桃花泉弈譜》書影
清代圍棋國手范西屏的《桃花泉弈譜》全面
又具體的記錄他對圍棋的獨特見解。此書一
出版，便轟動棋壇，是中國歷史上最有影響
力、價值也最高的圍棋古譜之一。

冰嬉

　　傳說後金天命年間，努爾哈赤被蒙古巴爾虎特部落的大軍圍困於嫩江城，費古烈奉命
率部隊火速北上救援。當時正值隆冬季節，行軍不便，巴爾虎特部落以為蒙古軍此刻佔有
優勢，幾天之內就能攻破城池，對方援軍絕對不可能及時趕到。沒想到不到兩天，費古烈
就指揮八旗士兵出現在嫩江城下，蒙古軍隊遭到前後夾擊，只好撤退。不但巴爾虎特，就
連努爾哈赤都很驚訝：天寒地凍，卻能一日前進七百里，援軍是怎麼做到的呢？往他們腳
上一看，原來士兵們人人腳踩名叫「烏拉滑子」的溜冰鞋，在結冰的嫩江上滑冰行軍，這才
成功解圍。不經意間，他們創造了日後極受歡迎的遊戲——冰嬉。

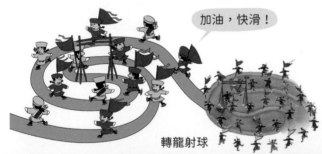

加油，快滑！

轉龍射球

冰嬉圖・清・金昆
清朝入主中原以後，皇室每年入冬都要從各地挑選上
千名「走冰」能手進宮訓練，到了冬至這一天，就在
西苑三海進行盛大的表演。
《冰嬉圖》描繪隊伍表演「轉龍射球」時的場景。旗手
和射手排成一行，猶如行進的巨龍，中間有一個門，
上面懸掛著的球稱為「天球」。隊伍走到球門處的時
候，朝球門射箭，射中者有賞。

古樂越千年

中華第一笛：賈湖骨笛

　　1986 至 1987 年，在河南賈湖遺址出土了二十多支骨笛，這也是中國出土最早的樂器。有人認為，傳統的中國音樂是五聲音階，七聲音階是外來傳入的。而賈湖骨笛不僅能夠演奏傳統的五聲或七聲調樂曲，還能演奏變化多樣的樂曲。這些骨笛是世界上最早的吹奏樂器。

ⓘ 最長者 24.6 公分，最短者 17.3 公分
　距今約 7000—5800 年
　出土於賈湖聚落遺址
　現藏於中國河南省河南博物院

2400 年前的天籟之音：曾侯乙編鐘

　　曾侯乙編鐘共六十五件，最大的一件通高 153.4 公分，重 203.6 公斤；最小的一件通高 20.4 公分，重 2.4 公斤。

　　編鐘是中國古代大型打擊樂器，興起於西周，盛於春秋戰國直至秦漢。中國是最早製造和使用樂鐘的國家。曾侯乙編鐘是目前出土保存最完好、鑄造最精美的一套編鐘。編鐘的音律準確，每個鐘都能敲出兩個音。鐘上均有篆體銘文，共兩千八百多個字，除「曾侯乙乍（作）持」外，都是和音樂相關，可分為標音銘文與樂律銘文兩大類。

ⓘ 出土於 1978 年湖北
　隨州市擂鼓墩 1 號墓
　現藏於中國湖北省博物館

鈕鐘：
共三組，十九件。形體較小，有方形鈕。

甬鐘：
共五組，四十五件。長柄，鐘體遍飾浮雕式蟠螭紋。

一鐘雙音：編鐘音律準確，每個鐘都能敲出兩個樂音，其音域跨五個半八度，十二個半音齊備。

鎛鐘：
鎛鐘上有銘文，記述此鎛鐘是楚惠王贈送的殉葬品。

跨界的鼓：魯山窯花瓷腰鼓

盛唐時，隨著外來文化的湧入，來自西域的腰鼓出現在中原，圓柱細腰的腰鼓成為最新奇的表演樂器。唐代工匠用瓷代替了木質鼓身，讓腰鼓做工更加精細，鼓聲更加清脆響亮，瓷質鼓身，兩端蒙上皮革，以手或杖擊打。腰鼓深得唐玄宗喜愛，被奉為唐代音樂的「八音領袖」。

ⓘ 長58.9公分，鼓面直徑22.2公分
現藏於中國北京故宮博物院

鐘架：
長748公分，高265公分。銅木結構，它的外形呈直角曲尺形，由六個佩劍的青銅武士和幾根圓柱承托。整套編鐘和梁架氣勢宏大、壯觀無比，總重達2500多公斤。

神木做成的琵琶：小忽雷

唐德宗年間，鎮海節度使韓滉偶然發現一棵樹，叩擊有金石之聲，便命人砍了樹，用木材製成兩把琴，大的叫「大忽雷」，小的叫「小忽雷」。小忽雷還配有一個長方形木盒，盒槽正好能容納琴平放，嚴絲合縫。

牙軫

上牙軫刻：「古塞春風遠，空營夜月高。將軍多少恨，須是問檀槽。」

下牙軫刻：「中丞唐女部，手底舊雙弦。內府歌筵罷，淒涼九百年。」

ⓘ 現藏於中國北京故宮博物院

飛天反彈琵琶
唐代還有一種五弦琵琶，現已失傳，但在敦煌壁畫上經常可以看見飛天彈奏。

彈琵琶
現代的琵琶為四弦，通常彈奏時會將琵琶放在兩腿中間或者是左腿上。

子犯龢鐘‧春秋
子犯龢鐘是一組編鐘，共八件。每座鐘上均有刻銘，連讀共一百三十二字。「子犯龢鐘」簡稱「龢鐘」，「子犯」是這套鐘的製作者，即晉文公的舅父狐偃。現藏於臺北故宮博物院。

具有異域風情的珍寶

中華文化開放與包容，這一組珍寶無不體現了東西方文化的交流與融合。

緙毛人頭馬身紋褲

這條褲子用了十五種彩色線，上面裝飾有蓮花、海棠花等紋飾，雖然時隔千年卻鮮豔如新，特別是中心的馬人圖案。馬人紅身金蹄，手執標槍，肩披斗篷，它的造型與希臘的馬人近似，似乎是受到西方文化的影響。

馬人 ◄

「驛使圖」畫像磚

「驛使圖」畫像磚是中國發現最早古代郵驛的形象資料，生動記錄1600年前西北邊疆驛使（郵差）傳遞文書的場景。畫像中的紅鬃驛馬四蹄騰空，馬尾飄揚，驛使手舉文書，穩坐馬背，可以看出驛馬速度之快與驛使工作之熟練，同時也反映了畫家對生活細緻入微的觀察。

安伽墓石門

安伽墓是中國發現最早有確切紀年的粟特人墓葬。墓葬中有墓誌和一套完整的石棺床圍屏圖像。這十二幅圍屏圖像，生動展現6世紀中原地區粟特人的社會風貌。

嵌珍珠寶石金項鍊

項鍊的主人是一位名叫李靜訓的女孩，她的曾外祖父是隋文帝楊堅。李靜訓在九歲時不幸去世，悲痛的家人不僅給她規格極高的葬禮，還隨葬不少具異域色彩的奇珍異寶。這串項鍊在金色和純白色珍珠的映襯下，雞血石、青金石交相輝映，顯得格外鮮豔奪目。從這件項鍊的焊接工藝和雕刻工藝來看，它的原產地應該是巴基斯坦或阿富汗地區。

球形鏈珠 ◄

紅寶石 ▲

青金石 ◄

ⓘ 出土於陝西西安李靜訓墓

三彩駱駝俑

　　三彩駱駝俑仰天長嘶，後腿直立，前腿略彎，彷彿剛從臥姿站起來，準備踏上漫漫旅途。長安（今陝西西安）是唐朝的都城，也是「絲綢之路」西行的起點。駱駝不只是絲綢之路的標誌，更是那段萬國來朝盛世時光的見證。

出發！

駱駝有單峰駝和雙峰駝兩種。隋唐時期，隨著中國與外國頻繁的交流，駱駝逐漸成工匠最愛的創作題材。

水壺

駝囊

ⓘ 現藏於中國北京故宮博物院

唐三彩

唐三彩是一種低溫釉陶器，釉彩有黃、綠、白、褐、藍、黑等色彩，但以黃、綠、白三色為主，所以人們習慣稱之為「唐三彩」。

逛街去囉！

女騎馬俑

　　這件著色陶俑，可能出土於哈薩克首都努爾蘇丹。可見，當時唐朝的影響力已經延伸至中亞地區，並影響當地的流行風尚和生活。

靈鷲紋錦袍

　　靈鷲紋錦袍是中國出土最完整的織錦袍服。但是，從這件錦袍的圖案幾乎很難找到中國文化的痕跡——錦袍上的生命樹、葡萄紋和靈鷲，是波斯祆教的獨特產物。生命樹象徵不朽和永生，靈鷲是靈魂的守護神。

書桌上必備的寶貝

我是世界上最早的實物地圖！

最早的紙：放馬灘紙地圖

　　造紙術與指南針、火藥、印刷術並稱為中國古代「四大發明」。東漢宦官蔡倫改進造紙術後，紙張的使用才逐漸普及。西漢時期的放馬灘紙地圖是目前世界上最早的紙張實物，但是因為受潮，已經破碎且無法復原。紙上用墨線繪製的山川等還依稀可見。這是早期的麻紙，表面上還有細纖維殘渣，紙質薄軟而有韌性。

🛈 出土於甘肅天水放馬灘
　5號漢墓
　現藏於中國甘肅省博物館

自製墨水：石硯與墨丸

　　原始時期，人們發現有些石頭可以畫出墨色的痕跡，這種石頭就是天然墨。中國從漢代開始用松樹枝燒煙，配以膠料、香料，製成人工墨。為了便於攜帶和使用，人們把墨粉捏成丸狀，製成墨丸。南越王墓中出土了四千三百多顆小墨丸，直徑為0.8至1.1公分。還有三方硯，都是天然扁平的河卵石和研石組成的石硯。磨墨的時候，先用研石把墨丸放在硯上壓成粉末，再加水調成墨汁，用來書寫或繪畫。

鳳鳥形玉柄

洗筆也講究：玉鳳柄洗

　　古代文人用完毛筆之後，都要用水把毛筆洗乾淨，這樣才不會損害毛筆。盛水洗筆的器具被稱為筆洗，也是古人常用的文房用具。有的筆洗造型非常精美，除了實用外，也具有觀賞價值，擺放在書桌上賞心悅目。這件玉鳳柄洗，以一隻鳳鳥為柄，鳳鳥的雙翅環抱著器身，雲紋環繞器壁，非常精美。

🛈 現藏於臺北故宮博物院

文房第五寶：青釉雲紋水丞

　　水丞一般也稱爲水盂，是書案上用於存放硯水的貯水器，一般爲扁圓形。有嘴的叫「水注」，無嘴的叫「水丞」。早在秦漢時期，水丞就出現了，古人認爲水丞能帶來靈感，修身養性，睹物寄情。所以除了使用價值，水丞還具備觀賞價值，寄託古代文人的風雅趣味，被稱爲「文房第五寶」。

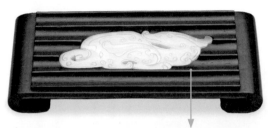

ℹ 現藏於臺北故宮博物院　　一個正在回頭的玉螭

古代的文具盒：紫檀嵌玉筆床

　　我們現在都用文具盒來裝筆，古代文人的文具盒叫做「筆床」。筆床是放置毛筆的小架子。這件筆床由紫檀木製成，表面嵌有螭紋玉飾，俯臥回首，溫和秀氣。筆床有凹槽，可以放五支筆。床足內卷，像是袖珍的案几，造型古樸雅致。

如椽巨筆：賀蓮青「腕下生風」木管斗筆

　　我們現在使用的毛筆，據說是秦代主持修建萬里長城的蒙恬將軍發明的。毛筆由獸毛黏在管狀的筆桿上製成，筆頭用羊毛、黃鼠狼毛、兔毛等，筆桿用竹管。湖筆被譽爲「筆中之冠」，清代出現了很多湖筆名店，「賀蓮青」就是其中之一，它在道光年間成爲皇家御賞特供。別小看這一支筆，其實它的工藝非常複雜，要經過一百二十多道手工工序，才能製作完成。這種大型的筆叫「斗筆」，主要用來寫大字或畫國畫。

筆頭是羊毫，斗部鑲嵌了四枚正方形象牙片，刻楷書並填紅綠彩：腕下生風。

生日禮物有多講究？

給自己的生日禮物：「八徵耄念之寶」玉印

　　這枚玉印是乾隆皇帝爲了慶祝自己八十歲生日特別製作。「八徵」指帝王管理國家的八種政事，分別爲：糧食、財務、祭祀、居民、教育、治安、朝覲、軍事。「八徵耄念之寶」玉印採用新疆和田青玉雕製，刻工也極爲精細，彰顯乾隆年間精湛的雕刻藝術技藝和獨特的藝術風格。

文明記憶的載體

造字也可通神！

倉頡造字

　　傳說黃帝的史官倉頡觀察自然界的各種現象，創造了文字。倉頡創造文字後，天上下起了粟雨，百鬼在夜晚哭嚎。代表文字對於人類文明發展有重要意義。

> 甲骨文是中國目前發現最古老的成體系文字。這些刻在龜甲和獸骨上的文字還帶有象形圖案的痕跡，多是商朝王室用來占卜和記事使用。截至 2012 年，在中國被發現的甲骨大約有十五萬片，四千五百多個單字。

睡虎地秦簡

1975 年，湖北雲夢睡虎地發現了一座秦代墓葬，墓主人是秦朝的基層官吏「喜」。在喜的墓葬中，發現了一千一百五十五枚秦簡。主要內容是法律、占卜等。

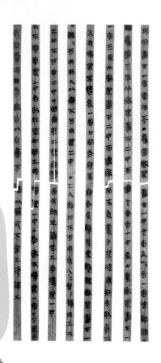

> 秦簡所書的文字是由篆書向隸書轉變中的一種形態，是中國最古老的隸書，形體中保留有大量的篆體痕跡。

甲骨文

隸書

小篆

「王為般卜」刻辭龜甲
這片龜甲正面是占卜的問題：商王為名叫「般」的人占卜是否有災禍；背面是回答：大吉，無禍。

> 秦始皇統一中國後，推行「書同文，車同軌」。將大篆進行簡化，創制了小篆，作為全國通用字體。這種字體圓勁均勻、挺拔秀麗。秦始皇為了頌揚自己的功績，在一些石碑和磚瓦上刻下對當時社會狀況的稱頌之辭。

小篆「海內皆臣」磚刻
磚文內容為：「海內皆臣，歲登成熟，道毋饑人」，意思是：天下統一，風調雨順，五穀豐登，百姓不受饑餓之苦。

《馮摹蘭亭集序》卷

在現存的版本中，馮承素臨摹的《蘭亭集序》，被認為最有原作神韻。因此，雖然這是件「贋品」，卻被歷代書法大家追捧。

行書

行書是介於楷書和草書之間的一種字體。它比草書更容易辨認，也不像楷書那麼端正。東晉大書法家——「書聖」王羲之的《蘭亭集序》，被譽為「天下第一行書」。

草書

為了方便書寫，人們在寫字過程中往往會有省略筆畫或潦草的趨勢，於是逐漸發展成「草書」。但是「草書」在狂亂中有一種獨特的美感。

楷書

楷書橫平豎直，結構整齊，所以初學書法的人，一般都從楷書練起。

顏勤禮碑

《顏勤禮碑》是顏真卿晚年為曾祖父顏勤禮寫的墓碑，是「顏體」的代表作。碑文追述了顏氏祖先的功德，以及子孫後代在唐代建立的功業。

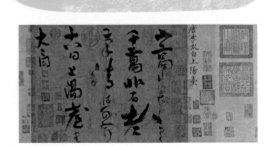

上陽臺帖

《上陽臺帖》是李白唯一傳世的書法真跡，共有二十五個字：「山高水長，物象千萬，非有老筆，清壯可窮。十八日，上陽臺書，太白。」

文物

去哪裡看？

中國文字博物館位於甲骨文的發源地河南安陽。博物館展示中國文字、少數民族文字和世界文字的發展變化過程，是世界上第一個以文字為展覽物件的國家級博物館。

天才少年畫筆下的中國

《千里江山圖》卷是中國十大傳世名畫之一，也是中國現存篇幅最長的青綠山水圖卷。如此宏大又令人歎爲觀止的畫作，竟是出自十八歲天才少年王希孟之手。北宋千里江山在畫中熠熠生輝。

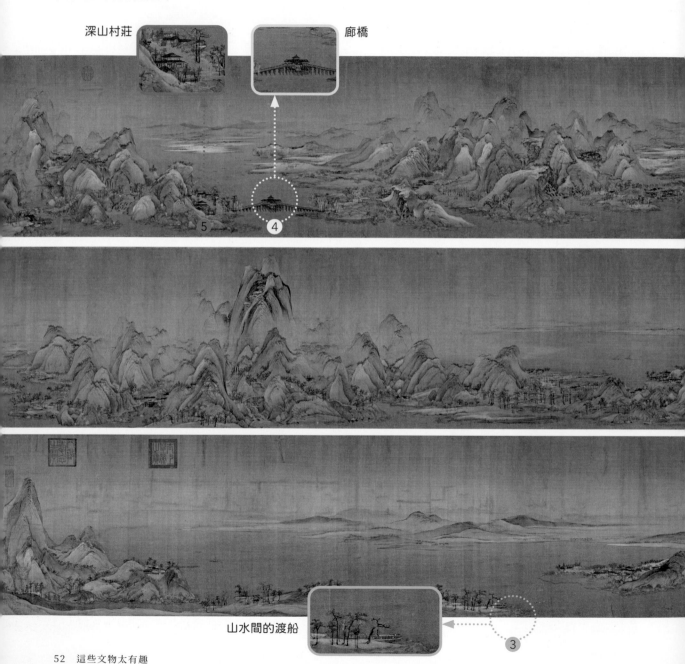

深山村莊

廊橋

5

4

山水間的渡船

3

據專家研究，這幅《千里江山圖》卷其實是由五幅圖疊加而成：先用黑墨勾勒出山石的輪廓，後以赭石色輕染鋪墊，再以石綠染出底色。透過改變手法造成色彩上的巧妙變化，以變幻的石綠重新疊加，最後再以青色收尾。歷經千年，畫作中的部分顏料已經脫落，但整幅畫作的青綠色澤卻始終鮮明。

題跋

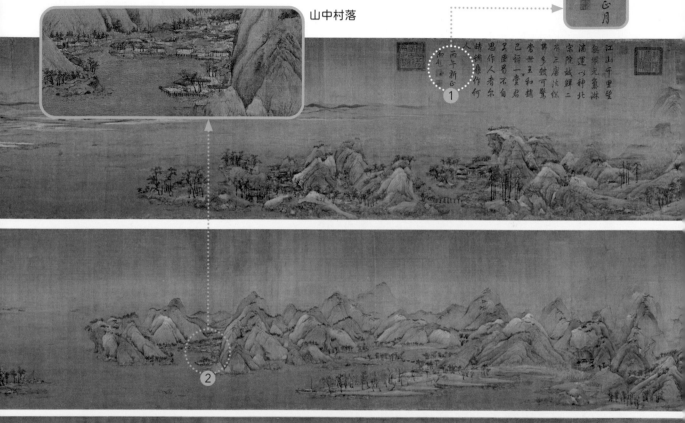

山中村落

ℹ️ 長51.5公分，寬1191.5公分　　ℹ️ 現藏於中國北京故宮博物院

中國的古老名片

中國是瓷器的故鄉。從 8 世紀末開始，中國陶瓷開始大量外銷，除了「絲國」，中國又以「瓷國」聞名於世。「China」的英文名字即來源於瓷器。

ⓘ 口徑12.2公分

雙繫環耳

北方青瓷的代表

ⓘ 通高 59.5 公分

ⓘ 底徑 20.2公分

青瓷蓮花尊

青瓷蓮花尊以器型碩大、紋飾精美、製作工藝複雜著稱於世。這件青瓷蓮花尊肩部至底座，層層疊疊堆雕著或俯或仰的蓮瓣，還有花穗裝飾，線條優美，宛如盛開的蓮花。在佛教藝術中，蓮花寓意吉祥，代表淨土。蓮花尊是佛教藝術珍品，體現南北朝時期佛教流行的盛況。

八棱秘色瓷淨水瓶

瓶身細長，圓滑細膩。

八棱形

秘色瓷由越窯特殊燒造，是皇家專用之物，因為燒造工藝祕不外傳，顏色又非常罕見，所以稱為秘色瓷。因為傳世珍品極少，它的真實模樣，始終是謎。直到法門寺地宮開啟，我們才有幸一睹秘色瓷的風采。八棱秘色瓷淨水瓶釉色晶瑩，腹部是八瓣瓜棱形狀。出土時瓶口覆有一顆大寶珠，瓶內裝有二十九顆五色寶珠，屬於佛教供養「五賢瓶」、「五寶瓶」之類的佛具。

ⓘ 出土於陝西省扶風縣法門寺塔地宮現藏於中國陝西省法門寺博物館

九秋風露越窯開，奪得千峰翠色來。

汝窯青釉水仙盆

「青如天、面如玉、蟬翼紋、晨星稀」，是汝窯瓷器的特質。汝窯以「天青色」而著名，宛若雨後初晴的天空，清澈明淨。傳世的汝窯瓷器極少，有「汝瓷一片值萬金」的說法。這件水仙盆呈橢圓形，下有四個雲頭形足，造型典雅大氣，釉色均勻細潤。清代乾隆皇帝得到這個水仙盆後，特別喜愛，還專門作詩讓工匠刻在盆底。

我不是肥皂盒！

ⓘ 現藏於臺北故宮博物院

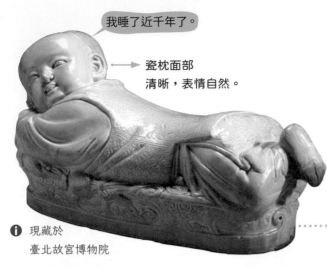

我睡了近千年了。

瓷枕面部
清晰，表情自然。

ℹ 現藏於
臺北故宮博物院

定窯白釉嬰兒枕

　　瓷枕在唐宋時期非常流行，是很受人們喜歡的一款枕頭。在炎熱的夏天，枕著清涼的瓷枕入眠，一定非常清爽舒適。定窯的製瓷師傅獨具匠心，將瓷枕燒製成一個枕臂側臥熟睡的孩童形象，他神情放鬆，整體線條十分流暢。

錦雞栩栩如生。

黃地粉彩鏤空
干支字象耳轉心瓶

　　這件黃地粉彩鏤空干支字象耳轉心瓶，分為內外兩層。外瓶鏤刻四組四季園景、開光景窗，透過景窗可以看到內瓶上的圖案。當內瓶開始轉動時，四季園景和童子嬉戲的場面相呼應，似是一幅生活畫卷徐徐展開。

琺瑯彩錦雞富貴圖碗

　　琺瑯彩瓷，也稱「瓷胎畫琺瑯」。琺瑯彩錦雞富貴圖碗是清代雍正時期琺瑯彩的傑出代表。碗外壁一側繪雉雞牡丹花，畫面中心是一隻錦雞在山石牡丹叢中尋找食物，尾翼上的各色羽毛絢爛奪目。此碗造型明麗秀逸，裝飾紋樣雅致，充分體現雍正帝不俗的審美意趣和生活品味。

宋代五大名窯

宋代製瓷工藝非常發達，代表中國古代瓷器燒造的高峰。宋代名窯很多，最著名的有五個：汝窯、官窯、哥窯、定窯、鈞窯。鈞窯的釉色有不確定性變化；定窯是白瓷；汝、哥、官三窯是青瓷，數量較少，非常珍貴。

巧奪天工的「萬瓷之母」

清朝乾隆年間，國力鼎盛、海內昇平。由於乾隆皇帝非常喜歡瓷器，許多身懷絕技的工匠彙集到景德鎮，在他們的努力下，禦窯廠瓷器生產的品質和數量，都達到前所未有的高度。被稱作「瓷母」的各種釉彩大瓶就是這一時期瓷器製作工藝的代表作。

朕全都要！

釉彩大瓶

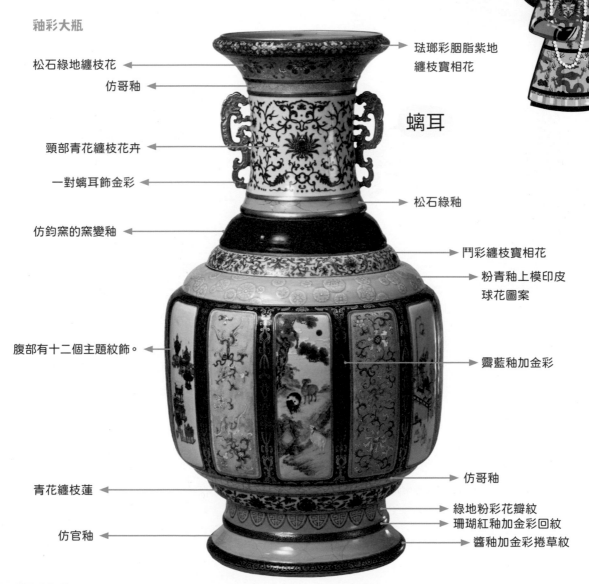

松石綠地纏枝花

仿哥釉

頸部青花纏枝花卉

一對螭耳飾金彩

仿鈞窯的窯變釉

腹部有十二個主題紋飾。

青花纏枝蓮

仿官釉

琺瑯彩胭脂紫地
纏枝寶相花

螭耳

松石綠釉

鬥彩纏枝寶相花

粉青釉上模印皮
球花圖案

霽藍釉加金彩

仿哥釉

綠地粉彩花瓣紋
珊瑚紅釉加金彩回紋
醬釉加金彩捲草紋

皇帝的御用酒杯

古代有正月初一飲用屠蘇酒的風俗。北宋王安石有詩：「爆竹聲中一歲除，春風送暖入屠蘇。」說的正是這種藥酒。屠蘇酒又名「歲酒」，內含多味草藥，人們在辭舊迎新之際飲用，是爲了遠離瘟疫、強身健體。「金甌永固」杯便是清代皇帝用來裝屠蘇酒的專用器具。其中「金甌」一詞出自南朝梁武帝蕭衍之口：「我國家猶若金甌，無一傷缺。」後人借這句話來比喻國家疆土穩固完整。

兩側各有一變形龍耳，龍頭上有珠。

十二粒藍寶石、九粒紅寶石、四粒碧璽。

鑲嵌十一顆大小不等的珍珠。

金甌永固

❶ 現藏於中國北京故宮博物院

❶ 現藏於臺北故宮博物院

❶ 現藏於英國倫敦華萊士博物館

現存於世的金甌永固杯共有四件，其中一件收藏於中國北京故宮博物院，另一件金質金甌永固杯收藏於臺北故宮博物院。另有兩件金甌永固杯，一個是金質，一個是銅鎏金質，收藏於英國倫敦華萊士博物館，應該是英法聯軍侵入北京時從圓明園劫掠而去的。

這就是標準

秦國強大的法寶：商鞅方升

戰國時期，各國都有自己的度量標準，一升到底是多少，大家的說法不一致，因此經常發生爭執。西元前344年，商鞅任大良造，在秦國主持變法，統一秦國的度量衡，製作容量為一升的標準器——商鞅方升。有了這個標準，買賣交易更加公平公正。秦始皇統一全國後，依舊沿用商鞅所制定的這個標準。

> 方升前端刻有「重泉」，重泉是當時此方升頒發的縣。方升另一側刻有「臨」，說明這件方升後來改發到臨，臨可能是臨晉。

最有名的秤砣：秦始皇詔文權

秦始皇詔文權由生鐵製成，上面自右向左環繞著一圈銘文，是一份秦始皇廿六年的詔書。秦始皇廿六年是西元前221年，在這一年，秦始皇統一六國，這說明秦始皇統一天下後，即統一全國的度量衡。這支權約重30公斤，大約是秦代的一石的重量。有了重量標準器，市面上就很少有缺斤短兩的現象了。

表面上自右向左環繞一圈銘文，共40餘字。

ⓘ 現藏於中國河南省河南博物院

ⓘ 口徑18.7公分

提梁

蓋

ⓘ 通高47.8公分

漢代的鐘錶：中陽漏壺

漏壺是古代計時的一種工具，由兩部分組成，一是漏壺，二是刻有度數的浮箭，也稱漏刻。漏壺內的水從位於底部的水管滴出，隨著水的減少，浮箭會逐步下沉，根據浮箭上的刻度，可以看出時間的變化。到了北魏時期，又出現了以滴水的重量來測定時刻的「稱漏」。宋元時期，發明了以沙代水的「沙漏」。

流管

三蹄足

遊標卡尺的鼻祖：銅卡尺

東漢銅卡尺的出土，糾正了過去人們認為遊標卡尺是由法國數學家在1631年發明的觀念，將遊標卡尺的歷史提前了一千六百多年。這支銅卡尺分固定尺和活動尺，兩尺上都有卡爪和刻度，固定尺上有導槽、導銷、組合套等部件，活動尺可以在導槽內左右移動。使用時，手握魚形柄，牽動把手左右移動，進行測量。

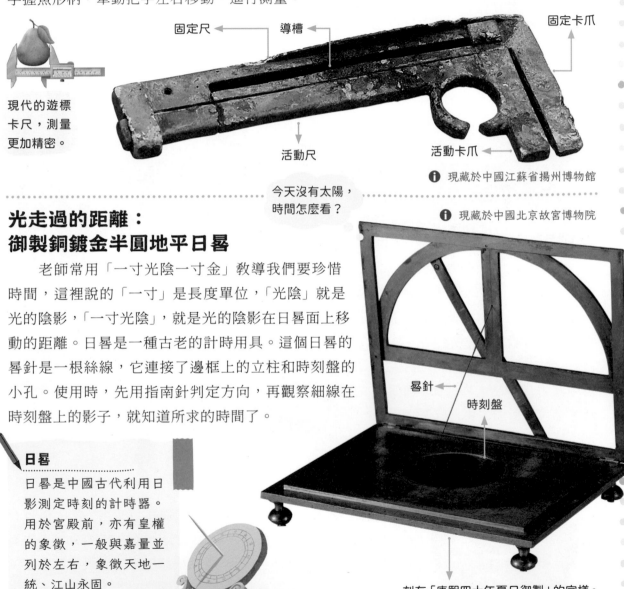

現代的遊標卡尺，測量更加精密。

固定尺　　導槽　　固定卡爪

活動尺　　活動卡爪

ℹ️ 現藏於中國江蘇省揚州博物館

今天沒有太陽，時間怎麼看？

ℹ️ 現藏於中國北京故宮博物院

光走過的距離：御製銅鍍金半圓地平日晷

老師常用「一寸光陰一寸金」教導我們要珍惜時間，這裡說的「一寸」是長度單位，「光陰」就是光的陰影，「一寸光陰」，就是光的陰影在日晷面上移動的距離。日晷是一種古老的計時用具。這個日晷的晷針是一根絲線，它連接了邊框上的立柱和時刻盤的小孔。使用時，先用指南針判定方向，再觀察細線在時刻盤上的影子，就知道所求的時間了。

晷針　　時刻盤

日晷

日晷是中國古代利用日影測定時刻的計時器。用於宮殿前，亦有皇權的象徵，一般與嘉量並列於左右，象徵天地一統、江山永固。

刻有「康熙四十年夏日御製」的字樣。

不按常理出牌的三星堆國寶

三星堆屬於古蜀國文明，它的年代大致相當於商代後期。與中原文明出土的國寶不同，三星堆出土的國寶簡直「不按常理出牌」，充滿奇異神祕色彩，是古蜀文明、中原文明和長江中下游文明相互融合的產物。

青銅神樹

神樹由樹座和樹幹兩部分組成，是中國目前發現最大的一件青銅文物。

這棵神樹高 3.96 公尺，比一層樓房還要高。

樹幹有三層樹枝，每枝有三個枝杈。

全樹共有九隻神鳥，二十七枚果實。

銅戴冠縱目面具

三星堆出土大量青銅面具，其中縱目面具造型奇特。面具的眼球明顯凸出眼眶，耳朵和嘴巴也很誇張。我們很難想像真的有人長成這副模樣！但是根據史書記載，古蜀國的始祖蠶叢，就長著一雙「縱目」。還有人認為「縱目」也有「豎眼」的意思，就像中國古代神話人物二郎神額頭上的眼睛，是為了增加古蜀人祖先的神性。

銅戴冠縱目面具

黃金面具

這件 2021 年最新出土的黃金面具雖然只有半張臉，但是看起來十分震撼。這半張面具寬約 23 公分，長約 28 公分，不依靠任何支撐就可自己「站起來」。專家根據出土的半張面具推測，完整的黃金面具的重量會超過 500 克，是同時期最重的金器。

金杖

　　金杖全長1.42公尺，直徑為2.3公分。用捶打好的金箔，包卷在一根木桿上，淨重約500克。木桿已經炭化，只剩完整的金箔。

　　金杖的身分有很大的爭議，有人認為金杖象徵權力，也有人認為金杖是祭祀時使用的器物。

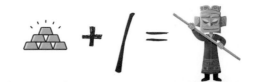

金杖上的紋飾

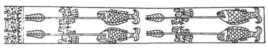

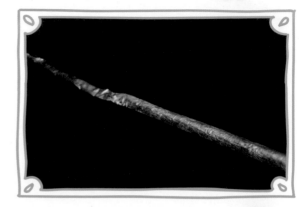

銅太陽形器

　　器物為圓形，正中央凸起，周圍的五芒呈放射狀，芒條與外圈相連接。這種形狀的器物之前沒有見過，根據同坑出土的銅神殿屋蓋上的「太陽芒紋」，有專家推測，它可能是當時古蜀人民「太陽崇拜」的表現。但也有人覺得它不是太陽的象徵，而是車輪。

銅大立人像

猜猜我手裡拿什麼？

　　人像高180公分，通高260.8公分，是同時期體量最大的青銅人物雕像。整體形象典重莊嚴，看起來像是一個具有通天異稟、神威赫赫的大人物正在作法。據考證，這個人像應該是古蜀國集神、巫、王三者身分於一體的領袖人物，是神權與王權的象徵。

人像的雙手環握中空，兩臂在胸前略呈環抱狀，赤腳站立於方形怪獸座。

青銅器原本是什麼顏色？

青銅器在古時候被稱為「金」或「吉金」，因為青銅器剛做出來時的顏色是金色的，不過根據銅、錫比例的不同，也會有銀白色和淡黃色。而現在，青銅器之所以叫「青銅」，是因為青銅氧化過後的顏色是青灰色或青綠色的。

十八般兵器

天下第一劍：越王勾踐劍

　　春秋時期，吳國大敗越國，越王勾踐成了吳王夫差的馬夫，他臥薪嘗膽，勵精圖治，終於復國，成為春秋時期最後一位霸主。這柄寶劍是越王勾踐的劍，寶劍出土時還散發著幽光，鋒利無比，稍一用力，就能將十六層紙劃破。

劍身刻著「越王鳩淺，自乍用劍」，「鳩淺」是勾踐的本名。

王者之矛：吳王夫差矛

　　這支矛頭長29.5公分，中線起脊，兩面脊上均有血槽，可提高殺傷力。矛體上有菱形幾何暗紋，刻著錯金銘文「吳王夫差自乍（作）用鈼」——這是吳王夫差自己用的矛。吳王夫差與越王勾踐是春秋後期兩位叱吒風雲的霸主，也是一對死對頭，但他們生前使用的武器，如今還陳列在同一座博物館裡。

ℹ 出土於湖北江陵馬山5號墓
現藏於中國湖北省博物館

調兵憑證：杜虎符

　　虎符是古代皇帝調兵遣將用的兵符。早期的兵符做成虎的形象，從中間劈開，君主與將領各保存一半。當需要調兵的時候，就派遣使者拿著虎符，與將領的虎符相契合，即可按命令出兵。這枚杜虎符上有錯金銘文，寫明除非遇到烽火報警等緊急情況，凡是要調動五十人以上的軍隊，就必須由君王與杜地軍事長官的虎符相契合，才能執行軍令。真可謂「一支穿雲箭，千軍萬馬來相見」。

虎符正面

虎符背面

打完仗立即還我！

遵命！

最早的機械兵器：青銅嵌金銀弩機

　　青銅弩機是弩上最重要的部件，也是一種非常精巧、堅實的機械裝置。弩機上的「望山」，可以提高瞄準度；還有控制延時發射的扳機「懸刀」。弩與弓的主要區別在於，弩依靠弩機實現張弦和發射過程的分離，做到儲能和延時發射。

懸刀　　　　望山

北洋水師鎮遠艦鐵錨

　　鎮遠艦是北洋水師艦隊的主力鐵甲艦。甲午戰爭失敗後，鎮遠艦被日軍俘獲，後被編入日本聯合戰隊服役，至第一次世界大戰前被拆解。而鎮遠艦的鐵錨、鐵鍊等則被日軍陳列在上野公園。抗日戰爭勝利後，鎮遠艦的殘骸被接回中國，現藏於中國人民革命軍事博物館。

ℹ 重約 4 噸

ℹ 寬 2 公尺

ℹ 長 4.15 公尺

文物去哪裡看？

湖北省博物館位於中國湖北省武漢武昌區。它的四大鎮館之寶是越王勾踐劍、曾侯乙編鐘、鄖縣人頭骨化石和元青花四愛圖梅瓶。館內有中國規模最大的古樂器陳列館。

24 清

1644—1911

中國歷史上最後一個封建王朝。

23 明

1368—1644

永樂年間，明朝曾派遣鄭和率大規模船隊到海外宣揚國威，最遠到達非洲東海岸。

22 元

1279—1368

元朝統一，結束南北長期對峙的局面，加強中國各地區、各民族間的相互聯繫。

13 南北朝

420—589

東晉之後，中國歷史進入南北分裂時期。

14 隋

581—618

581年，楊堅代周稱帝，國號隋，是爲隋文帝。589年，隋朝實現南北統一。

15 唐

618—907

唐朝經濟發達、文化繁榮、國力強盛，是中國歷史上繼漢代後又一個鼎盛局面。

12 東晉

317—420

317年，鎮守建康（今江蘇南京）的晉宗室司馬睿在江南重建晉室，史稱東晉。

11 西晉

265—316

265年，司馬炎取代曹魏，建立西晉。280年，西晉滅吳，三國局面歸於統一。

10 三國

220—280

208年的赤壁之戰，曹操被孫劉聯軍擊敗，奠定三國鼎立的雛形。

1 神話傳說時代

自古至今，關於人類起源的傳說可謂是多種多樣，對古人類活動的探究是人類一個爲之永恆探索的主題。

2 遠古時代

巫山人遺址是中國考古學家最近發現的，它是目前中國境內最早的遠古人類遺址。

3 夏

約前2070—前1600

由夏啓開創父死子繼的世襲制王朝——夏朝。

21 金

1115–1234

遼天慶五年（1115）完顏阿骨打稱帝建國，國號大金。

20 西夏

1038–1227

西夏受宋朝影響很大，黨項族成爲同時期接受漢文化較多的一個民族。

19 遼

907–1125

遼朝採用「因俗而治」的統治制度，根據地域、民族不同的發展水準，制定獨特的統治制度。

16 五代十國

907–960

中國歷史上又一個分裂時期。

17 北宋

960–1127

960 年，趙匡胤發動兵變，建立北宋。靖康二年（1127），金廢宋帝，北宋滅亡。

18 南宋

1127–1279

北宋靖康二年（1127）五月，康王趙構，在南京（今河南商丘）即位，年號建炎，史稱南宋。

9 東漢

25–220

西元 25 年，劉秀在河北即位，爲漢光武帝。他沿用漢爲國號，史稱東漢，定都洛陽。

8 西漢

前 202–25

西元前 202 年，劉邦創立漢朝，史稱西漢。

7 秦

前 221–前 206

西元前 221 年，秦王政建立中國歷史上第一個中央集權的封建王朝。

4 商

前 1600–前 1046

中國歷史上第二個奴隸制國家。

5 西周

前 1046–前 771

西周是青銅文明的鼎盛時期，也是華夏民族意識的開始時期。

6 東周

前 770–前 256

這個時期分爲兩個階段，即春秋和戰國。

遊博物館看珍貴文物

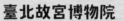